AF511074

MANA

Titel von Almut Irmscher in der Reise-Lesebuch-Reihe:

Das **Island**-Lesebuch	(978-3-95503-127-5)
Das **Norwegen**-Lesebuch	(978-3-95503-130-5)
Das **Dänemark**-Lesebuch	(978-3-95503-133-6)
Das **Irland**-Lesebuch	(978-3-95503-136-7)
Das **Schottland**-Lesebuch	(978-3-95503-139-8)
Das **England**-Lesebuch	(978-3-95503-142-8)
Das **Portugal**-Lesebuch	(978-3-95503-146-6)
Das **Italien**-Lesebuch	(978-3-95503-149-7)
Das **Griechenland**-Lesebuch	(978-3-95503-152-7)
Das **Schweden**-Lesebuch	(978-3-95503-177-0)
Das **Kroatien**-Lesebuch	(978-3-95503-180-0)
Das **Toskana**-Lesebuch	(978-3-95503-183-1)
Das **Namibia**-Lesebuch	(978-3-95503-200-5)
Das **Nordsee**-Lesebuch	(978-3-95503-215-9)
Das **Ostsee**-Lesebuch	(978-3-95503-212-8)
Das **Spanien**-Lesebuch	(978-3-95503-209-8)
Das **Sardinien**-Lesebuch	(978-3-95503-231-9)

Titel von Gunhild Hexamer in der Reise-Lesebuch-Reihe:

Das **Kanada**-Lesebuch – Der Osten	(978-3-95503-186-2)
Das **Kanada**-Lesebuch – Der Westen	(978-3-95503-189-3)
Das **Kalifornien**-Lesebuch	(978-3-95503-203-6)
Das **USA**-Lesebuch	(978-3-95503-218-0)

Titel von Almut Irmscher in der City-Lesebuch-Reihe:

Das **Wien**-Lesebuch	(978-3-95503-234-0)
Das **Rom**-Lesebuch	(978-3-95503-237-1)
Das **Hamburg**-Lesebuch	(978-3-95503-240-1)

Bibliografische Information der Deutschen Nationalbibliothek
Die Deutsche Nationalbibliothek verzeichnet diese Publikation in der Deutschen Nationalbibliografie. Detaillierte bibliografische Daten sind im Internet unter http://dnb.dnb.de abrufbar.

Titelfoto: fotolia.com / wolfgangstaudt (Speicherstadt)
Bilder im Innenteil: Almut Irmscher
Umschlag, Satz, Layout: MANA-Verlag
Druck: Dardedze, Riga, EU
ISBN: 978-3-95503-240-1

Almut Irmscher

Das Hamburg-Lesebuch

Impressionen und Rezepte
aus der Hafenmetropole

Inhalt

Einführung

Ich liebe Hamburg. Deshalb zieht es mich fast jedes Jahr wieder dorthin. Es ist so vielfältig, so pulsierend, spannungsgeladen und kosmopolitisch, wie es nur eine Hafenstadt sein kann. An jeder Ecke gibt es hier etwas zu entdecken, und immer wieder überraschen mich völlig unerwartete neue Aspekte. Es ist Deutschlands Tor zur Welt, und das gibt Hamburg eine einzigartige Stellung unter unseren Großstädten.

Der bloße Gedanke an Hamburg weckt unwillkürlich Assoziationen: der Hafen, die Reeperbahn, der Fischmarkt, Hans Albers... Ein prägendes und traumatisierendes Ereignis war die große Sturmflut von 1962, die dazu geführt hat, dass die Stadt den Flutschutz endlich ernst nahm. Außerdem hat die Flutkatastrophe dem damaligen Innensenator der Freien und Hansestadt sowie gebürtigen Hamburger Helmut Schmidt zu seinem ersten großen Auftritt als Krisenmanager verholfen, und er konnte zeigen, was in ihm steckt. Denn alle anderen hatten an diesem schrecklichen Tag im Februar, an dem 315 Hamburger im eisigen Wasser ihr Leben verloren, kläglich versagt. Diese Sturmflut hat gezeigt, wie präsent die Nordsee in Hamburg ist, und das, obwohl die Elbmündung rund 100 Kilometer flussabwärts liegt. Dennoch ist die Verbindung zur Nordsee letztendlich das, was Hamburg ausmacht. Sie beschert der Stadt den Zugang zu den Weltmeeren, ohne den sie nichts anderes wäre als eine normale deutsche Großstadt.

Durch die Sturmflut wurde aber auch die gefährliche Schattenseite dieser Anbindung an die Nordsee mit einem Mal sehr augenfällig. Bei entsprechender Wetterlage drücken Tiefdruckgebiete und stürmische Westwinde große Wassermassen aus den nördlichen Eismeeren in die Deutsche Bucht. Über die Flussmündungen dringen diese bis tief ins Landesinnere hinein, ein Effekt, der 1962 noch dadurch verstärkt wurde, dass die Küsten durch Deiche gut geschützt waren, nicht aber der Unterlauf der Elbe. So kam es, dass die todbringende Flut wie durch einen Trichter in die Elbe gedrückt wurde und unerwartet bis in die Stadt vordringen konnte, die ihrerseits den Flutschutz schon lange nicht mehr ernst genommen hatte.

Doch die Geschichte von der großen Sturmflut habe ich bereits im „Nordsee-Lesebuch“ niedergeschrieben, und ich möchte sie an dieser Stelle nicht wiederholen. Das Gleiche gilt für beliebte Rezepte wie die Aalsuppe oder Labskaus. Dennoch gibt es natürlich einen Reigen von Rezepten aus Hamburg – sowohl altbekannte Klassiker als auch pfiffige Varianten mit Ideen aus der modernen Hamburger Küche. Denn Hamburg ist fantasievoll und progressiv. Hamburgs Spitzengastronomie ist genauso außergewöhnlich wie das kulturelle Angebot der Stadt. Die Freizeitangebote decken das größte denkbare Spektrum ab, hier gibt es wirklich für jeden etwas.

Genauso ist es mit der Politik – Hamburg ist bunt und vielfältig, wohin man auch schaut. In Hamburg haben wichtige Verlagshäuser ihren Sitz, die mit Zeitschriften und Zeitungen wie Spiegel, Stern und Zeit – bis vor dem Umzug des Axel Springer Verlags nach Berlin auch Bild und Welt – den Markt der Printmedien in Deutschland dominieren. Der Hamburger Hafen ist Deutschlands größter Seehafen und gehört zu den führenden Hafenanlagen der Welt. Hamburg ist weltweit der drittgrößte Standort der Luftfahrtindustrie und insgesamt ein

Wirtschaftsstandort von herausragender Bedeutung. Mehr als 160.000 Unternehmen sind bei seiner Handelskammer registriert.

Mit einer Anzahl von 2.496 Brücken hält Hamburg Weltrekord, wobei die ganzen Containerbrücken und Rampen gar nicht mitgezählt sind. Damit besitzt es mindestens so viele Brücken wie Venedig (ca. 435), Amsterdam (ca. 1.200) und London (ca. 850) zusammen! Selbst New York City als eine der brückenreichsten Städte der Welt kann es nicht mit Hamburg aufnehmen, denn nach offiziellen Angaben der Stadt gibt es dort 2.027 Brücken.

In Hamburg wohnen Deutschlands wohlhabendste Bürger, die durchschnittliche Kaufkraft liegt rein statistisch gesehen rund zehn Prozent über dem bundesweiten Mittelwert. Mit geschätzten 42.000 Millionären und 18 Milliardären ist Hamburg außerdem Deutschlands Stadt mit den meisten Superreichen. Die Arbeitslosigkeit liegt deutlich unter dem bundesweiten Durchschnitt.

Das jährlich dreimal stattfindende Volksfest Hamburger Dom zieht Millionen von Besuchern an, genauso wie der Hafengeburtstag, der an einem Wochenende im Mai gefeiert wird. Rund 31 Prozent der etwa 1,9 Millionen Einwohner Hamburgs haben einen Migrationshintergrund. Die alte Hansestadt Hamburg ist heute eine wahre Weltbürgerin. Und trotz horrender Miet- und Immobilienpreise wächst die Bevölkerungszahl beständig. Hamburg ist in.

Zur Abrundung der Eindrücke und Geschichten aus Hamburg, von denen ich Ihnen erzählen werde, gibt es auf meiner Website **www.almutirmscher.de** ein Fotoalbum mit zahlreichen Bildern aus Hamburg.

Denn man tau! Hummel Hummel – willkommen in Hamburg!

Hummel Hummel – Mors Mors!

„Hummel Hummel!", hatte ich Ihnen zuletzt zugerufen. Haben Sie mir geantwortet? Nein? Dann sind Sie wohl kein Hamburger. Denn sonst hätten Sie sogleich mit „Mors Mors!" gekontert. Daran erkennen die Hamburger ihre Landsleute, wo auch immer ihnen diese auf der Welt begegnen mögen. Es ist ein unverwechselbares Zeichen insgeheimer Solidarität, vielleicht allenfalls vergleichbar mit dem Gruß der Motorradfahrer. Man sagt, dass der Ausspruch im Ersten Weltkrieg zur Losung unter Hamburger Soldaten wurde und seit dieser Zeit unverzichtbarer Bestandteil der Hamburger Identität ist.

Natürlich gibt es eine hübsche Geschichte, die von der Entstehung dieser Parole zu berichten weiß. Im 19. Jahrhundert lebte in Hamburg ein Wasserträger, der ein typisch hamburgisches Faktotum war, eines der unvergleichlichen Originale, von denen diese Stadt so viele hervorgebracht hat. Der Mann hieß Johann Wilhelm Bentz, aber er war in ganz Hamburg nur als „Hans Hummel" bekannt. Bekannt wie ein bunter Hund, könnte man wohl sagen. Ich weiß nicht, woran das gelegen hat, denn es heißt, dass er ein schlecht gelaunter Miesepeter gewesen sei. Manche sagen, eine unglückliche Liebe habe ihm einst das Herz gebrochen und ihn als verbitterten, jähzornigen Griesgram zurückgelassen. Jedenfalls steht wohl fest, dass der Mann nicht gerade der Prototyp eines Sympathieträgers war.

Wenn dieser Johann – kurz Hans genannt – dann schwer bepackt mit seinen am Tragjoch hängenden Wasserbehältern schnaufend durch die Hamburger Neustadt schlurfte, widerwillig und lustlos seine Arbeit verrichtend, dann liefen die Kinder aus seinem Viertel hinter ihm her und neckten den alten Murrkopf, indem sie ihm „Hummel, Hummel!" nachriefen. Wie sie darauf kamen, ist nicht wirklich klar überliefert. Aber es gibt natürlich ein paar Spekulationen. Die Überzeugendste und Netteste davon besagt, dass es sich einfach nur um den Namen des Vormieters der Wohnung von Hans Bentz gehandelt hat. Jener hieß nämlich Hummel und genoss seinerzeit unter den Neustädter Kindern hohe Beliebtheit. Herr Hummel hatte als Soldat gedient und pflegte die Kleinen mit abenteuerlichen Kriegserzählungen zum Staunen zu bringen. Sie liebten es, stundenlang um ihn herumgeschart auf dem Boden zu sitzen und gebannt den Anekdoten und Räuberpistölchen zuzuhören, die er zum Besten gab.

Als er schließlich starb, zog der missmutige Bentz in die verwaiste Wohnung ein, und die Kinder beließen es einfach beim Namen des Vorgängers. Vielleicht hofften sie ja, ein wenig von der Freundlichkeit und Zuwendung des verstorbenen Namensträgers möge damit auf den knurrigen Hans Bentz übergehen.

Man weiß nicht, ob es wirklich so gewesen ist, nur eines steht fest: Der Ruf der Kinder war nicht gerade dazu geeignet, die Stimmung des übellaunigen Wasserträgers zu heben. Wütend schnaubte er „Mors Mors" zurück, die Kurzform der niederdeutschen Schimpfformel „Klei mi an'n Mors". Das wiederum heißt so viel wie „kratz mich am Arsch" – oder auf gut Deutsch „Leck mich!" – und schon war der legendäre Erkennungsruf entstanden. Und nicht nur das, die Hamburger lieben die Geschichte vom alten Hans Hummel, und dieser genießt als typisch hamburgisches Urviech in der Hansestadt allgemein hohes Ansehen. Allerdings leider erst posthum. Die letzten Jahre seines Lebens war Hans Hummel arbeitslos, denn die Hamburger Wasserwerke, das älteste öffentliche Wasserversorgungsunternehmen Europas, hatten 1848 die „Stadtwasserkunst" in Hamburg-Rothenburgsort in Betrieb genommen und die Neustadt an ihre Wasserleitungen angeschlossen. Damit wurde die elende Wasserschlepperei dort ein für alle Mal überflüssig. Allerdings verlor Hans Hummel dadurch auch seinen Job. Er starb sechs Jahre später, die Bestattung auf dem Dammtorfriedhof zahlte das Armenhaus, in dem er zuletzt gelebt hatte.

Was er wohl dazu gesagt hätte, dass heute jeder Hamburger seinen Namen kennt? Dass er ausgestattet mit Zylinder und Joch als Statue in einem Brunnen am Neustädter Rademachergang aufgestellt wurde, und zwar mitsamt den hinter einer Säule versteckten spottenden Bengeln? Dass Touristen ihn als kleine Nippesfiguren erwerben können? Dass der Stadionsprecher „Hummel Hummel!" ruft, wenn der HSV ein Tor schießt, und die Fans begeistert „Mors Mors!" zurückbrüllen? Dass die Hamburger Hip-Hop-Gruppe Fettes Brot den Spruch in einem Lied verewigte? Vermutlich hätte der alte Sauertopf sich auch über all das schwarz geärgert.

So richtig begann der Kult um Hummel erst 1938 mit der Aufstellung des Brunnendenkmals am Rademachergang im Zuge der Neugestaltung der Neustadt. Hier hatte sich zuvor eins der alten Hamburger Gängeviertel befunden, geprägt von einem unübersichtlichen Labyrinth aus schmalen Gassen, engen Hinterhöfen und maroden, windschiefen Fachwerkhäusern. Mangelnde Hygiene und fehlende sanitäre Einrichtungen waren ein Riesenproblem in diesen Vierteln, die aus der ursprünglichen mittelalterlichen Stadt entstanden waren.

Durch die explodierende Einwohnerzahl wurden sie im Lauf der Zeit immer mehr verdichtet, baulicher Wildwuchs ließ sie zu einer chaotischen und unüberschaubaren Ballungszone werden. In diesem unerfreulichen Milieu verrichtete Hans Hummel seinen mühsamen Wasserschleppdienst, denn die auf engstem Raum beieinanderstehenden Häuser ließen meist weder Wagen noch Karren durch das verwinkelte Gewirr der Gassen passieren. Vielleicht macht dieses Umfeld Hummels ständigen Missmut ja etwas verständlicher.

Schon um die vorletzte Jahrhundertwende herum hatte man Teile dieser Viertel abgerissen, da sie eine Brutstätte der großen Choleraepidemie von 1892 gewesen waren. Der verbliebene Teil des Gängeviertels geriet zum Refugium von Kriminellen, die sich in den lichtlosen Winkeln und schmuddeligen Spelunken herumtrieben. Die Hamburger bezeichneten die finstere Gegend des Neustädter Gängeviertels zuletzt nur noch als „Verbrecherquartier".

Als dann die Nazis an die Macht kamen, war es ihnen ein besonderer Gräuel, dass im Neustädter Gängeviertel ihre politischen Gegner Zuflucht fanden. Deshalb ließen sie es radikal plattmachen. An seiner Stelle sollten solide, ordentliche und vor allem gut kontrollierbare Arbeiterwohnungen entstehen, wie sie heute noch am Rademachergang zu sehen sind.

Im Wasserträger Hummel sahen die Nazis die ideale Identifikationsfigur für die Bewohner der Neustadt, er war für sie der Prototyp des Arbeiters, und seine Misanthropie fiel angesichts ihrer eigenen Einstellung zur Menschlichkeit gar nicht ins Gewicht. Die Skulptur aus Muschelkalk wurde vom „Verein geborener Hamburger" gestiftet und mitten auf einem neu entstandenen kleinen Platz am Rademachergang aufgestellt, gerahmt von Backsteinhäusern mit Arbeiterwohnungen. Und in ein paar Metern Entfernung davon streckt an einer Hausecke ein steinerner Junge dem unleidlichen Hummel demonstrativ den nackten Hintern entgegen.

Zu einem wahren Hans-Hummel-Boom kam es, als ein Unternehmerverband 2003 auf die Idee kam, im Rahmen eines Kunstprojekts mehr als 100 Hans-Hummel-Figuren in der Innenstadt aufstellen zu lassen, gesponsert durch Einzelhändler. Jede einzelne davon war von Künstlern individuell und fröhlich bemalt worden. Die Fiberglas-Hummels wurden 2006 zu Gunsten von Obdachlosen versteigert, manche davon stehen aber noch immer in den Straßen von Hamburg.

Inzwischen wird der Wechselspruch „Hummel Hummel – Mors Mors!“ schon fast inflationär gebraucht, und dabei vergessen Außenstehende nur zu oft, dass es sich keineswegs um eine gängige Grußformel handelt. Wer in Hamburg mit „Hummel Hummel!“ grüßt, outet sich als Fremder, auch „Quiddje“ genannt. Mit diesem Wort pflegen Seefahrer die Landratten zu verspotten und alteingesessene Hamburger die Zugezogenen. Wobei sie es nicht böse meinen, denn Diskriminierung liegt den Hamburgern fern. Bestenfalls sind sie ein bisschen elitär und tragen als waschechte Hamburger einen gewissen Standesdünkel mit sich herum. Wenn Sie also nicht als Quiddje auffallen wollen, dann grüßen Sie wie überall in Norddeutschland auch in Hamburg am besten mit einem schlichten „Moin“.

Franzbrötchen

Zutaten:

500 g Mehl
200 ml Milch
100 g Butter (zimmerwarm)
50 g Zucker
1 Würfel Hefe
2 Eier
50 ml Sahne
Zimtzucker
Salz
Mehl für die Arbeitsplatte

Zubereitung:

Die Hefe und die Hälfte des Zuckers in einer Tasse mit einer Gabel verkneten, bis die Hefe flüssig geworden ist. Die Milch lauwarm erhitzen, in eine Schüssel geben und den restlichen Zucker sowie die Hefe einrühren. Nun 1 Ei, 2 Msp. Salz und das Mehl hinzugeben und alles zu einem geschmeidigen Teig verarbeiten.

Mit einem Geschirrtuch abdecken und an einem warmen Ort 30 Minuten lang gehen lassen. Dann noch einmal kräftig durchkneten und anschließend den Teig auf einer mit Mehl bestäubten Arbeitsplatte zu einem Rechteck von ca. 50 x 30 cm ausrollen. Nun die Butter auf der Oberseite gleichmäßig verstreichen und das Ganze mit Zimtzucker bestreuen. Anschließend den Teig von der längeren Seite her aufrollen. Das zweite Ei in Eiweiß und Eigelb trennen. Das Ende der Teigrolle mit dem Eiweiß bepinseln, dann gut andrücken. Die Rolle nun in ca. 4 cm große Stücke schneiden.

Ein Backblech mit Backpapier auslegen und die Stücke mit der Nahtstelle nach unten darauflegen, dabei jeweils 4 cm Abstand halten. In die Mitte der Stücke quer über die Schmalseite mit einem Kochlöffelstil eine sehr tiefe Mulde pressen, sodass die gerollten Seiten heraustreten und sich beim Backen auffächern können. Abdecken und erneut 15 Minuten lang gehen lassen.

Das Eigelb mit der Sahne verquirlen und die Franzbrötchen an der Oberseite damit einpinseln. Dann noch einmal mit Zimtzucker bestreuen. Den Backofen auf 180°C erhitzen und die Franzbrötchen ca. 15 Minuten lang darin backen, bis die Oberseite goldgelb ist.

Man kann nach Geschmack auch noch Rosinen zum Teig hinzugeben, die Brötchen mit Schokoflocken oder Mohn bestreuen, den Teig mit Marzipan oder Schokocreme bestreichen oder die Brötchen mit Nüssen füllen. Es gibt auch Rezepte, bei denen ein Plunderteig verwendet wird.

Die Franzbrötchen entstanden in Hamburg während der Zeit der Besatzung durch napoleonische Truppen Anfang des 19. Jahrhunderts. Sie sind Hamburgs Antwort auf das französische Croissant, so erklärt sich auch der Name „Franzbrötchen". Sie gehören zu einem typisch hamburgischen Frühstück unbedingt hinzu, werden aber auch zum Nachmittagskaffee verspeist.

Willkomm-Höft – DJs am Ufer der Elbe

Nun sind wir schon mitten in Hamburg gelandet, und dabei wollte ich die Stadt doch eigentlich mit Ihnen gemeinsam erst einmal ordentlich begrüßen. Oder vielmehr wollte ich, dass wir selbst einen Gruß empfangen, bevor wir uns auf unsere Erkundungsreise begeben.

Dazu müssen wir Hamburg allerdings noch einmal kurz verlassen. Wir fahren ein Stück elbabwärts, bis wir die Stadt Wedel erreichen. Die hat rund 34.000 Einwohner und gehört zum schleswig-holsteinischen Landkreis Pinneberg. Kommt man aber von Hamburg aus nach Wedel hinein, ist der Übergang zwischen den beiden Städten so fließend, dass man ihn im Grunde nur bemerkt, wenn man richtig gut aufpasst.

Fährt man dann im Wedeler Ortsteil Schulau ans Elbufer hinab, so erreicht man das Schulauer Fährhaus, in dem sich ein Restaurant befindet. Wir aber wollen zu der an das Fährhaus angeschlossenen Schiffsbegrüßungsanlage, dem „Willkomm-Höft“. Wenn wir eine Person suchen würden, die uns in Ruhe erklärt, was es damit auf sich hat, dann müsste es einer der „Begrüßungskapitäne“ sein, die dem Willkomm-Höft erst seine Seele einhauchen. Der jeweils Diensthabende sitzt in einem kleinen Häuschen, das sich neben dem Fährhaus am Elbufer befindet. Allesamt sind diese Männer der Seefahrt besonders verbunden, manche von ihnen sind sogar mal selbst zur See gefahren. Die Bezeichnung „Kapitän“ ist aber natürlich streng genommen nicht zutreffend. Die Männer sind keine richtigen Kapitäne, sondern eigentlich eher DJs, die Musik für vorbeifahrende Schiffe erklingen lassen. Meist sind es fünf, die hier abwechselnd ihren Dienst tun. Und dieser hat es in sich, denn jedes Schiff, das den Hamburger Hafen anläuft, wird individuell begrüßt. Und auch wieder verabschiedet, wenn es den Hafen verlässt, hinaus in Richtung große weite Welt.

Habe ich gesagt, jedes Schiff? Das war natürlich übertrieben, denn dann hätten die Begrüßungskapitäne wirklich alle Hände voll zu tun. Am Schulauer Fährhaus kommen schließlich jede Menge kleiner bis kleinster Schiffe vorbei, Segelboote, Motorjachten, Kanus und nicht zu vergessen die Schulauer Fähre selbst, mit deren quietschgelbem Fährschiff „Dat Ole Land II“ man zum Lühe-Anleger im niedersächsischen Grünendeich und ins Alte Land übersetzen kann. Aber die Fähre zählt natürlich ohnehin nicht mit, da sie den Hamburger Hafen niemals ansteuert und genauso wenig die Unterelbe in Richtung Nordsee verlässt.

Passiert hingegen ein großes Schiff das Schulauer Fährhaus zwischen acht Uhr morgens und Sonnenuntergang, beziehungsweise 20 Uhr in den Sommermonaten, dann kommt der Einsatz des Begrüßungskapitäns. Voraussetzung hierfür ist eine Bruttoraumzahl des Schiffs, die mehr als tausend beträgt.

„Halt“, möchten Sie mich jetzt vermutlich unterbrechen, „was ist denn eine Bruttoraumzahl?“ Da haben sie mich glatt eiskalt erwischt. Verlegen schaue ich über die Schulter, ob da nicht vielleicht jemand ist, der das erklären kann. Mein Mann vielleicht, der ist selbst zur See gefahren und kennt sich mit so etwas aus. Aber er ist gerade nicht da.

Als Laie würde ich sagen, es handelt sich um das Maß, mit dem das Volumen des Rauminhalts eines Schiffes angegeben wird. So einfach ist das aber nicht, denn dann könnte man ja gleich von Kubikmetern reden, und jeder wüsste, was gemeint ist. Die Bruttoraumzahl berechnet sich nach einer komplizierten Formel, in die ein schiffstypabhängiger Multiplikator eingerechnet wird, deshalb kommt bei jedem Schiff ein individueller Wert dabei heraus, und wir Laien verstehen überhaupt nichts mehr. Man bezeichnet die Bruttoraumzahl auch als „dimensionslose Zahl", mit anderen Worten, sie lässt sich nicht an einem konkreten Vergleich festmachen. Dennoch ist sie wichtig, denn von ihr hängt die Höhe der zu entrichtenden Hafengebühren ab. Überlassen wir ihre Berechnung besser den Fachleuten und wenden wir uns stattdessen wieder der Schiffsbegrüßung zu. Die ist zumindest nicht dimensionslos, sie erstreckt sich vielmehr in Raum und Zeit.

Am vollautomatischen Stahlmast des Willkomm-Höfts wehen vier verschiedene Flaggen, und zwar diejenige der Hansestadt Hamburg, die der Bundesrepublik Deutschland, die des Landes Schleswig-Holstein sowie die Schiffssignalflagge UW, welche besagt „Wir wünschen gute Reise". Zur Begrüßung oder Verabschiedung eines Schiffes wird die Hamburger Flagge jeweils „gedippt", das heißt, sie wird gesenkt, die Signalflagge UW hingegen wird gehisst. Der Brauch ist uralt, mit der symbolischen Aufgabe des eigenen Hoheitszeichens zeigte man in früheren Tagen die friedliche Absicht an. Inzwischen gilt die Geste als allgemeiner Seefahrtsgruß. In den Genuss der gedippten Flagge am Willkomm-Höft kommen deshalb auch kleinere Schiffe, die eine Bruttoraumzahl von unter tausend haben.

Doch das wahre Spektakel gibt es nur für die richtig großen Kähne, nur diese gelten als „salutfähig". Nähert sich ein solches Schiff, so erschallen als Erstes ein paar Seemannsklänge über dem Wasser der Elbe. Läuft das Schiff aus Richtung Nordsee den Hamburger Hafen an, so wird es pathetisch mit Wagners „Steuermann, lass die Wacht!“ begrüßt oder aber volkstümlicher mit der Landeshymne der Freien und Hansestadt, „Stadt Hamburg in der Elbe Auen“, nach der neulateinischen Bezeichnung für die Stadt auch „Hammonia“ genannt. Die Musikauswahl bei der Begrüßungszeremonie liegt allein in der Hand des Elb-DJs, des diensthabenden Begrüßungskapitäns.

Anschließend dröhnt eine Stimme aus den Lautsprechern der Anlage. „Willkommen in Hamburg, wir freuen uns, Sie im Hamburger Hafen begrüßen zu dürfen!“ Die Begrüßung wird in der Sprache des jeweiligen Schiffsheimatlandes noch einmal wiederholt. Genauso ist es bei den auslaufenden Schiffen, nur kommt jetzt natürlich eine Abschiedsfloskel zum Zuge. „Muss i denn zum Städele hinaus“ klingt es hinter den abreisenden Schiffen her, oder „Auf Wiederseh'n“. Zum Schluss wird die jeweilige Nationalhymne gespielt. Dann blickt man ihnen mit ein bisschen Wehmut hinterher, wenn sie Hamburg elbabwärts verlassen, hinaus aufs große Meer und in die Ferne hinein.

Aber damit nicht genug. Den Besuchern der Gaststätte im Schulauer Fährhaus gibt der diensthabende Kapitän nämlich noch einige Informationen über das betreffende Schiff. Dazu gehören Name, Heimathafen, Baujahr, Reederei, Länge und Breite, Tiefgang, die PS-Zahl und die Dienstgeschwindigkeit sowie gegebenenfalls die maximale Containerzahl.

Die Schiffsbegrüßungsanlage ist weltweit einzigartig, und sie war ursprünglich ein Marketing-Gag, mit dessen Hilfe Gäste ins Schulauer Fährhaus gelockt werden sollten. Der nautische Salut erlangte aber schnell Kultstatus und entwickelte sich zu einer netten Geste im Sinne der Völkerverständigung. Heute hat die nautische Kameradschaft HANSEA von der Seemannsschule Hamburg die Aufgabe übernommen, den Schiffen im Namen des Hamburger Hafens einen Gruß hinterherzurufen. Aber so spielerisch einfach, wie es zunächst klingt, ist dies natürlich nicht. Dahinter steckt vielmehr eine ausgefeilte Organisation.

Als die Schiffsbegrüßungsanlage im Sommer 1952 in Betrieb genommen wurde, mussten erst einmal jede Menge Nationalhymnen besorgt werden, und dazu jeweils noch die Begrüßungstexte in der Landessprache. In der allerersten Zeit wurden die Hymnen noch von einem Shanty-Chor oder dem Männergesangsverein aus Wedel live intoniert. Schon bald darauf erbarmte sich die Firma Philipps und presste eigens für die Schiffsbegrüßungsanlage Schallplatten mit den Aufnahmen der Nationalhymnen. Später wurde alles auf Kassetten eingespielt, diejenigen für die Begrüßung erhielten eine rote Beschriftung, die zur Verabschiedung eine schwarze. Und ein übersichtliches Ablagesystem musste her, um dem diensthabenden Kapitän langes Herumkramen nach der richtigen Kassette zu ersparen. Noch immer befindet sich ein Regal mit Kompaktkassetten voller Hymnen auf der Brücke der Begrüßungsanlage. Heutzutage wird der Begrüßungskapitän bei seiner Arbeit aber von einem Computer unterstützt, auf dessen Festplatte 153 Hymnen gespeichert sind.

Außerdem braucht der Begrüßungskapitän die Hilfe des Schiffsmeldedienstes. Der informiert ihn sofort, wenn ein Schiff von der Nordsee her kommend den Passagepunkt bei Stade passiert, beziehungsweise wenn es den Hamburger Hafen verlässt und in Finkenwerder vorbeifährt. Dann sucht der Kapitän die passende Karteikarte heraus, denn die Schiffsdaten werden am Willkomm-Höft noch etwas altmodisch in einer ständig aktualisierten handschriftlichen Registratur abgelegt. Mehr als 17.000 Karteikarten werden fein säuberlich sortiert im Zettelkasten am Fenster der Dienststube aufbewahrt, die darauf notierten Angaben pflegen die Kapitäne anhand des täglich eintreffenden Hafenberichts. Aus diesem erfährt man eine eventuelle Änderung des Einsatzbereichs eines Schiffes, einen Umbau oder Eignerwechsel, eine Veränderung des Heimathafens und vieles mehr.

Wenn man all diese Pflichten zusammennimmt, dann muss der Alltag eines Begrüßungskapitäns wohl recht arbeitsam sein, dachte ich mir. Im strömenden Regen waren wir in Schulau angekommen, aber die legendäre Zeremonie der Begrüßung und Verabschiedung der Schiffe wollten wir uns trotz des unerfreulichen Wetters nicht entgehen lassen. Ulli, mein Mann, hat aufgrund seiner Vergangenheit als Seefahrer einen besonderen Bezug zur Schiffsbegrüßungsanlage von Wedel, außerdem war unser 13-jähriger Sohn bei uns. Dem wollten wir natürlich etwas bieten.

Am Ponton mit dem Anleger der Schulauer Fähre gibt es zum Glück einen überdachten Bereich, und eine Wand aus Plexiglas bietet Schutz vor unangenehmem Wind. Die Lautsprecher der Schiffsbegrüßungsanlage sind direkt darüber, damit war sichergestellt, dass wir auch wirklich nichts verpassen. Hier müsse ordentlich was los sein, so dachte ich. Schließlich hat Hamburg ja Deutschlands größten Seehafen und den drittgrößten von ganz Europa. Von ein- und auslaufenden Schiffen müsste es da doch geradezu wimmeln! Wir setzten uns also auf die Wartebank und warteten. Und warteten. Aber kein Schiff kam.

Erst als wir langsam ungeduldig wurden, kam ich auf die Idee, mal das Internet zu befragen. Denn da kann man auf Hafenradar.de natürlich längst in Echtzeit verfolgen, welche Schiffe auf der Elbe unterwegs sind. Und tatsächlich näherte sich von Finkenwerder her ganz allmählich ein Schiff. Klickt man das kleine Schiffssymbol an, so erhält man sogar ein paar Informationen über das jeweilige Schiff. Selbst seine Reiseroute kann man einsehen. Na bitte!

Es handelte sich um die „Stettin“, doch die war mit einer Bruttoraumzahl von 783 enttäuschenderweise zu klein für eine große Verabschiedung. Schon sahen wir das Boot elbabwärts kommen, es stieß eine riesige pechschwarze Rauchwolke aus. Alles andere als umweltgerecht, aber der Stettin sei das verziehen. Denn sie ist ein historischer Eisbrecher, der seinen Dienst 1933 antrat, und wird seit 1982 als technisches Kulturdenkmal weiterbetrieben. Im Sommer kann man Ausflugsfahrten mit der Stettin unternehmen, ansonsten liegt sie meist im Hamburger Museumshafen Oevelgönne.

Während die Stettin sich rauchend wie ein Urzeitdrache langsam aus Richtung Hamburg näherte, schaute ich noch einmal auf Hafenradar.de nach. Tatsächlich waren auch ein paar Containerschiffe unterwegs, die flussaufwärts von der Elbmündung her kamen. Hätten wir uns besser vorbereitet, so wäre es auch kein Problem gewesen, vorab die Liste der Traumschiff-Termine einzusehen. Denn die Zeiten, zu welchen die großen Kreuzfahrtschiffe an der Schiffsbegrüßungsanlage vorbeifahren, stehen natürlich schon lange im Voraus fest. Stolz passieren sie dann das Willkomm-Höft und lassen sich vom Begrüßungskapitän huldigen. Wenn dann die „Gute-Reise“-Flagge gehisst wird, dippt das Schiff zum Dank seine eigene Flagge, und mitunter grüßt es sogar mit seinem Signalhorn kurz zurück.

Weil die Stettin aber etwas ganz Besonderes ist, gibt es für sie an der Schiffsbegrüßungsanlage eine Ausnahme. Ihr wurden ein Gruß und ein paar musikalische Klänge mit auf die Reise gegeben, und sie bedankte sich mit fröhlichem Tröten.

Ergriffen von Fernweh und Seefahrerromantik schauten wir ihr noch lange Zeit hinterher, bis ihre dicke Qualmwolke allmählich hinter der Elbbiegung verschwand.

Spargel mit Holsteiner Katenschinken und Zitronen-Riesling-Hollandaise

Zutaten für 4 Personen:

2 kg weißer Spargel („pro Mund ein Pfund")
300 g Butter
400 g Holsteiner Katenschinken in dick aufgeschnittenen Scheiben (ca. ½ – 1 cm)
800 g neue Kartoffeln
4 Eigelbe
80 ml Riesling
20 g Zucker
1 unbehandelte Zitrone
1 kl. Bund Kerbel
Cayennepfeffer
Salz
Pfeffer

Zubereitung:

Den Spargel waschen, schälen und die Enden so weit wie nötig abschneiden. Schalen und Enden in einen Topf mit 2 ½ l ungesalzenem Wasser geben, aufkochen und dann bei mittlerer Hitze 30 Minuten lang zu einem Spargelfond auskochen. Den geschälten Spargel so lange in ein feuchtes Tuch einschlagen.

Die Kartoffeln unter fließendem Wasser gründlich abschrubben, anschließend mit der Schale in Salzwasser aufkochen und 20-25 Minuten lang garen. Vor dem Servieren gut abtropfen lassen. Die Kerbelblättchen abzupfen und fein hacken.

Die Spargelschalen und -enden mit dem Schaumlöffel aus dem Spargelfond entfernen. Den Fond wieder aufkochen, 50 g Butter und den Zucker hinzugeben und den Fond salzen. Dann den Spargel hineingeben und je nach Dicke 8-10 Minuten lang garen, sodass der Spargel weich, aber noch bissfest ist. Mit einer Greifzange herausnehmen und auf einem Tuch abtropfen lassen. Den Fond kann man aufbewahren und als Basis für eine Spargelsuppe weiterverwenden.

Für die Hollandaise die Zitrone waschen, den äußersten gelben Bereich der Schale zur Hälfte abreiben, dann die Zitrone auspressen. Eigelbe und Riesling mit einem Spritzer Zitronensaft in einem Rührbecher mit dem Passierstab verquirlen. 250 g Butter zerlassen, dabei nicht zu heiß werden lassen, sonst gerinnt die Sauce. Zur Ei-Rieslingmischung gießen und dabei mit dem Passierstab quirlen, sodass die Sauce die gewünschte Konsistenz erhält. Zum Schluss die Zitronenschale unterrühren und die Sauce mit Salz, Pfeffer und einer ordentlichen Prise Cayennepfeffer abschmecken.

Den Spargel zusammen mit den ungepellten Kartoffeln und dem Katenschinken auf vorgewärmten Tellern anrichten, etwas Hollandaise über den Spargel geben und ein wenig Kerbel darüberstreuen. Den Rest der Sauce in einer Sauciere dazu reichen, bestreut mit dem restlichen Kerbel.

Dieses klassische Gericht wird in Hamburg natürlich mit Spargel aus dem Alten Land zubereitet. Von der anderen Seite der Elbe kommt der Holsteiner Katenschinken hinzu, traditionell in dicken Scheiben. Die „holländische Sauce“, die ursprünglich aus der französischen Normandie stammt, welche ihrerseits nach den skandinavischen Normannen benannt wurde, verleiht dem Ganzen einen Hauch von internationalem Flair. Das wird natürlich von Zitrone, Riesling und Cayennepfeffer auf moderne Art unterstrichen. Der feine Geschmack des Kerbels rundet die Gesamtkomposition schließlich mit seinem typischen Frühlingsaroma ab.

Von Lügnern, Spaßvögeln und Reisenden – die Hafenrundfahrt

Wir haben uns entschlossen, beim diesmaligen Besuch in der Hansestadt einen klassischen Einstieg zu wählen. Zumal das Willkomm-Höft uns auf den Geschmack gebracht hat und unser Sohn nun Lust auf mehr Schiffe und Hafen bekundet. Also wollen wir an einer Hafenrundfahrt teilnehmen, einer der Hauptattraktionen für alle, die nach Hamburg kommen.

Dabei muss ich gestehen, dass ich vor ungefähr 15 Jahren schon einmal eine Hafenrundfahrt mitgemacht habe und damals alles andere als begeistert war. Als viel zu aufdringlich und aufgesetzt empfand ich das Getue, mit dem der „Hafenbegleiter" die Rundfahrt kommentierte. Er ließ den „Hamburger Schnack" so richtig heraushängen und garnierte seine Erklärungen mit allerhand Kalauern, Seemannsgarn und abgestandenen Schoten. Kein Wunder, dass sich wegen solch exaltierten Hafenbegleitern wie ihm die Bezeichnung „He lücht" in Hamburg allgemein als der Name für Touristenguides durchgesetzt hat. Das ist niederdeutsch und heißt „Er lügt" – soll das etwa unser Vertrauen erwecken?

Die denkwürdige Berufsbezeichnung ist mit einer Geschichte verbunden. Nach dem Ersten Weltkrieg begann das Reisen langsam populär zu werden, und so kamen auch zunehmend mehr Gäste in die Hansestadt. Eine der allerersten Erinnerungen meiner betagten Großtante war es, wie sie als Sechsjährige mit ihren Eltern 1920 den Hamburger Hafen besuchte und dort den gigantischen Haufen einer gerade gelöschten Schiffsladung Bananen erblickte. Die großen Schiffe, das bunte Treiben, vor allem aber der Berg der damals noch so exotischen Früchte, all das hat sie nachhaltig beeindruckt.

Schon 1921 überlegte man sich beim Hamburger Fährdienst HADAG, dass man den immer zahlreicher werdenden Gästen ja etwas bieten könnte. So kam man auf die Idee, Hafenrundfahrten auf den Barkassen des Fährdienstes zu veranstalten, ein Service, den zuvor schon so mancher Schiffsbesitzer privat angeboten hatte. Für den Fährdienst HADAG stellte diese Ausweitung seiner Angebotspalette eine schlichte Notwendigkeit dar, denn seit 1911 der St.-Pauli-Elbtunnel eröffnet worden war, hatten die Elbfähren erheblich weniger zu tun. Und weil die privaten Anbieter von Rundfahrten oft zwielichtige Methoden anwandten, um von ihren Gästen möglichst viel Geld zu ergattern, übertrug der Hamburger Senat dem Fährdienst HADAG kurzerhand das Monopol auf Hafenrundfahrten.

Altgediente Hafenarbeiter und Seemänner wurden engagiert, um den Touristen das Hafengeschehen während der Fahrt zu erklären. Damals war hier noch richtig viel los, das Be- und Entladen der Schiffe geschah meist in mühsamer Handarbeit, überall wimmelte es von Arbeitern. Die Barkassen kamen auf ihrer Tour ständig an diesen Männern vorbei. Und die hörten zwangsläufig mit, was der ehemalige Kollege den Besuchern von Hamburg da so alles erzählte. Das waren „Döntjes“ – Anekdoten – und „Tünkram“ – Ammenmärchen. Dann sahen sie von ihrer Arbeit auf, amüsierten sich und stießen sich gegenseitig grinsend mit den Ellenbogen an, sie lüpften ihre Mützen und riefen den Touristen laut „He lücht!“ zu.

Mit so nachhaltiger Wirkung, dass die Begleiter der Hamburger Hafenrundfahrten heute ganz offiziell „He lücht" heißen.

So stehen wir also nun an den Landungsbrücken und schauen uns nach einem He lücht um. Das ist leichter gesagt als getan, denn so wie es einst im Hafen von Arbeitern wimmelte, so wimmelt es heutzutage an den Landungsbrücken von He lüchts. Das Monopol der HADAG gilt schon seit 1970 nicht mehr, nun bieten auch wieder zahlreiche private Unternehmen eine Rundfahrt an. Da gibt es die Große Hafenrundfahrt oder die Hafenrundfahrt XXL, eine kombinierte Fleetenfahrt, eine Abendfahrt mit Musik oder alternative Themenfahrten. Die dauern eine Stunde, zwei Stunden oder gleich fünf Stunden. Je nachdem, ob es auch in die Fleete oder in die Speicherstadt gehen soll, fahren kleine Hafenbarkassen, größere Schiffe, Restaurantschiffe oder auf Schaufelraddampfer getrimmte Nostalgie-Boote. Wir haben die Qual der Wahl. Hätten wir uns doch besser mal vorher informiert!

Um die Sache abzukürzen, besteigen wir kurzerhand das erstbeste Boot zur „Großen Hafenrundfahrt". Unser He lücht ist ein junger Mann, der mit Schalk in der Stimme und in theatralisch übertriebenem Hamburger Schnack behauptet, ein Lehrling zu sein, der sich erstmals und ausnahmsweise als Hafenbegleiter verdingen darf. Etwaige Unzulänglichkeiten sollen wir ihm daher großzügig nachsehen. Na, ob das wohl so stimmt? He lücht, denke ich.

Ich bin noch immer skeptisch, als das Boot ablegt und seine Fahrt zunächst elbabwärts aufnimmt. Ununterbrochen plaudernd erzählt uns der He lücht ein Döntje und einen Kalauer nach dem anderen. Ich muss aber zugeben, dass er dabei auch viel Wissenswertes über den Hafen, die Stadt und ihre Gebäude, die wir unterwegs passieren, einfließen lässt. Und der Ausblick vom Schiff auf Landungsbrücken, Skyline, Fischmarkt und Dockland, die gemächlich an uns vorüberziehen, ist wirklich großartig. Aber so richtig spannend wird es, als wir auf der gegenüberliegenden Seite in einen Hafenterminal einfahren. Hier liegen ein paar Containerschiffe, die gerade entladen werden, und wir fahren ganz dicht an ihnen vorbei. Eines davon ist mit einer Ladung von 13.000 Containern aus China gekommen. 13.000 Container! Das muss man sich erst einmal vorstellen! Wir fahren so dicht an die Schiffswand heran, dass man sie fast berühren kann. Da erst spürt man, wie unglaublich groß dieser Kahn ist, und dabei ist er noch nicht einmal einer der allergrößten, die auf unseren Meeren herumschippern. Es gibt mehr und mehr Schiffe, die fassen gut und gerne 20.000 Container, und im Jahr 2020 begrüßte Hamburg mit der „HMM Algeciras“ erstmals ein 24.000-Container-Monstrum, das zu dieser Zeit größte Containerschiff der Welt.

Liegt so ein Ozeanriese im Hafen, dann muss alles ruckzuck gehen. Riesige Kräne entladen die Fracht im Akkord, denn die Liegezeit ist teuer, jede Minute kostet ein Vermögen. Diese Hafenkräne sind ihrerseits auch wahre Monster, wie überdimensionierte Insekten oder furchterregende Maschinen aus einem Star-Wars-Film verrichten sie unermüdlich surrend ihr Werk. Fasziniert schaue ich ihnen nach, während wir schon wieder abgedreht haben und uns dem westlichen Teil der Norderelbe zuwenden, vorbei an der Elbphilharmonie. Unser He lücht weiß so einige Schauergeschichten über die Entstehung des Jahrhundertbaus zu erzählen, und mich beschleicht das Gefühl, dass er dabei vermutlich nicht einmal lügt.

Voller Eindrücke kehren wir schließlich zu den Landungsbrücken zurück. Die Augen unseres Sohnes glänzen. Ich kann ihn verstehen, es war ein einmaliges Erlebnis. Wie gut, dass ich mich noch einmal habe überzeugen lassen, an einer Hafenrundfahrt teilzunehmen!

Fischbrötchen nach Art der St.-Pauli-Landungsbrücken

Zutaten pro Brötchen:

1 Brötchen
1 sauer eingelegtes Heringsfilet (Bismarckhering)
1 Salzgurke
1 Scheibe Tomate
¼ in Ringe geschnittene Zwiebel
1 Blatt grüner Salat
1 El Remoulade

Zubereitung:

Die Fischbrötchen sollten erst direkt vor dem Verzehr zubereitet werden, da sie sonst matschig werden.

Die Gewürzgurke auf Küchenkrepp gut trocknen, dann fächerförmig einschneiden, sodass ein Ende ganz bleibt und der Rest der Gurke längs dünn in Scheiben geschnitten ist. Das Brötchen aufschneiden und beide Hälften mit Remoulade bestreichen. Auf die untere Hälfte nun zunächst das gewaschene und gut abgetrocknete Salatblatt legen, dann die Tomatenscheibe. Darauf das gut abgetropfte Heringsfilet, darüber die breit aufgefächerte Gurke und zum Schluss die Zwiebelringe. Zuklappen, fertig!

Ein Wahrzeichen für das Tor zur Welt – die Elbphilharmonie

Ganz am östlichen Ende der St. Pauli-Landungsbrücken liegt an der Elbpromenade ein Feuerschiff am Kai. Es diente früher mit seinem Leuchtfeuer als Schifffahrtszeichen vor der englischen Küste und keineswegs der Feuerwehr, wie ich Dummerchen zuerst gedacht hatte. Ein Ausmaß an Naivität und Unwissenheit, welches Ulli als alter Seebär mit fassungslosem Kopfschütteln bedachte.

Das 1952 gebaute Feuerschiff ist schon seit vielen Jahren außer Betrieb und beherbergt nun ein Restaurant und eine Bar. Man kann sogar darauf übernachten, und tatsächlich hatten wir uns für eine Nacht in die Kapitänskajüte eingebucht. Ziemlich beengt schläft man hier knapp über der Wasserlinie im Etagenbett, was meine Freundin Gunhild mit einem spöttischen Kommentar bedachte. Wir feierten nämlich just an diesem Tag unseren Hochzeitstag. Wegen der Wassernähe lässt sich das Bullauge nicht öffnen. Die Kajüte bietet zwar alles, was man braucht, aber es war ein heißer Tag. Deshalb zogen wir es vor, den Abend an Deck zu verbringen.

Hier saßen wir bei einem kühlen Drink und genossen den spektakulären Blick auf die Elbphilharmonie. Ein wirklich imposantes Bauwerk, obwohl es damals noch immer nicht ganz fertiggestellt war. Ob die abenteuerlichen Geschichten, die uns der He lücht während der Hafenrundfahrt über die Elbphilharmonie erzählt hatte, wirklich stimmten?

Die Idee zu dem ehrgeizigen Projekt entstand im Zuge der Umgestaltung des Großen Grasbrooks im Herzen von Hamburg, einer ehemals sumpfigen Insellandschaft vor den Toren der Stadt. Hier befand sich bis 1624 der Hinrichtungsplatz, auf dem die Seeräuber enthauptet wurden, der berühmteste von ihnen soll der legendäre Pirat Klaus Störtebeker gewesen sein. Später siedelten sich an diesem Ort Werften an, und mit dem fortschreitenden Ausbau des Hafens wurde der Grasbrook schließlich Teil des Freihafens. Hier befindet sich die Speicherstadt, einst das Zentrum des Stückgutumschlags.

Doch die Zeiten änderten sich, die Schiffe wurden größer, und immer öfter kamen praktische Container zum Einsatz. Der alte Hafen war dafür zu eng. Deshalb wurde er wirtschaftlich uninteressant, man gab ihn auf, und er begann zu verfallen. Um dem entgegenzuwirken, entwickelte der Hamburger Senat ehrgeizige Pläne. Nach der Jahrtausendwende rückten Heerscharen von Bauarbeitern an und begannen, Schritt für Schritt die moderne HafenCity zu errichten. Schicke Wohnungen und Büros sollen dem alten Hafen urbanes Leben und vornehmes Flair einhauchen, es war die größte Stadtentwicklungsmaßnahme in ganz Europa.

Das mondäne Vorzeigeprojekt verlangte nach einem wahrhaft repräsentativen Aushängeschild, und aus diesem Wunsch heraus erwuchs die Idee, dem alten Kaispeicher A ein futuristisches Konzerthaus aufs Dach zu setzen. Dieses ehemalige Lagerhaus für Kaffee und Kakao lag exponiert auf einem Höft zwischen Sandtor- und Grasbrookhafen, einer Landspitze, die jedermann sogleich ins Auge fällt. Was Sydney sein Opernhaus ist, das sollte fortan die neue Elbphilharmonie für Hamburg sein, ein markantes Wahrzeichen von eindringlicher

Unverwechselbarkeit. Die Idee fußte auf der privaten Initiative eines rührigen Projektentwicklers, der den Hamburger Senat schließlich für seinen Plan gewinnen konnte. Die Baukosten sollten teilweise durch die Stadt selbst, zum größten Teil aber durch Spenden kulturbeflissener Bürger und vor allem durch private Investoren gedeckt werden.

2007 nahm der damalige Oberbürgermeister Ole von Beust die feierliche Grundsteinlegung vor. Auf 120.000 Quadratmetern Grundfläche entstanden fortan zunächst ein Konzertsaal mit zugehöriger Backstage, einige Restaurants, 45 exklusive Eigentumswohnungen, ein Fünf-Sterne-Hotel mit rund 250 Zimmern verteilt auf 20 Etagen und außerdem ein Parkhaus mit mehr als 500 Stellplätzen.

Doch es kam, wie es bei öffentlichen Bauprojekten in Deutschland wohl unweigerlich kommen muss. Sollten sich die Kosten für die Stadt Hamburg nach dem ursprünglichen Voranschlag auf überschaubare 77 Millionen Euro belaufen, so stiegen sie im Laufe der Jahre immer weiter an, bis sie sich am Ende auf 866 Millionen Euro summierten. Das bedeutet eine Steigerung der Kosten um mehr als sagenhafte 1.100 Prozent! Was war da schiefgegangen?

Das Drama begann mit der auffälligen Verglasung des Bauwerks. Ein einziges der je 1,5 Tonnen schweren, kunstvoll gewölbten Fenster kostet 20.000 Euro, 1.089 Elemente sind es insgesamt. Die ersten davon wurden bereits 2009 montiert. Zwei Jahre später befand die Bauaufsichtsbehörde, dass ein Teil der Fenster wegen mangelhafter Sicherungsvorkehrungen für die Fensterputzer wieder zu demontieren sei. Die bauausführende Firma Hochtief und das Planungsbüro der Elbphilharmonie gerieten drüber in Streit. Hochtief stellte die Arbeiten ein. Außerdem zweifelte der Baukonzern jetzt die Zuverlässigkeit der Statik des Bauwerks an, und ein Gutachten gab ihm recht. Dadurch wurde eine gründliche Umplanung des gesamten Baus erforderlich. Man ergriff die Gelegenheit beim Schopf und veränderte auch gleich die ursprünglichen Pläne zum Ausbau der Philharmonie. Statt anfangs nur einen einzigen konzipierte man jetzt drei Konzertsäle. Die Kosten stiegen entsprechend. Was natürlich für weiteren Streit sorgte. Die bereits für 2010 geplante Eröffnung verzögerte sich immer weiter. Und je länger es dauerte, desto mehr stiegen die Kosten.

Wie sie aber in diesem wahrhaft monströsen Ausmaß steigen konnten, bleibt dem Laien trotz allem unbegreiflich. Was das anbelangt, so hat unser He lücht wahrhaftig nicht übertrieben. Seine schalkhaft vorgetragenen Ausführungen zu den Glasscheiben der Fassade, die angeblich über einen Lotuseffekt verfügten, der nur zehn Jahre lang anhalte und deshalb bei der Eröffnung der Philharmonie schon wieder hinfällig gewesen sei, sind allerdings im Reich des Tünkrams anzusiedeln.

Genauso ist es mit seiner Erzählung über das Luxushotel im Inneren der Philharmonie. Dieses sei zwar längst fertig, könne aber nicht in Betrieb genommen werden, weil die Philharmonie als Baustelle aus rechtlichen Gründen nicht bewohnt werden dürfe. Dieser Umstand koste die Stadt Monat für Monat eine erhebliche Vertragsstrafe.

Tatsächlich verhielt es sich anders, allerdings nicht unbedingt besser. Die Stadt hatte gehofft, mithilfe der Pachtzahlungen des Hotels schon ab 2010 den Kredit für die Baufinanzierung abstottern zu können. Das erwies sich als Milchmädchenrechnung, denn bis zur Eröffnung dauerte es sechs Jahre länger als geplant. Bis dahin mussten Mitarbeiter des Baukonzerns Hochtief das Hotel instand halten.

Zwei Dinge können wir wohl festhalten: Die Stadt Hamburg hat sich ein wahrhaft kostspieliges Wahrzeichen geleistet, und einem He lücht soll man tatsächlich nicht alles glauben.

Hamburger National – ein Steckrübeneintopf

Zutaten für 4 Personen:

1 große oder 2 kleinere Steckrüben (ges. ca. 600 g)
600 g Schweinebauch
600 g Kartoffeln
2 Zwiebeln
120 g gewürfelter fetter Speck
8 Pfefferkörner
5 Pimentkörner
5 Wacholderbeeren
3 Gewürznelken
2 Lorbeerblätter
1 kl. Bd. Blattpetersilie
Salz, Pfeffer

Zubereitung:

Pfefferkörner, Piment, Gewürznelken und Wacholderbeeren in ein Teeei füllen. Das Schweinebauchfleisch in einem Topf gerade eben mit Wasser bedecken, salzen, pfeffern, das Teeei und die Lorbeerblätter hinzugeben und alles aufkochen. Dann die Hitze reduzieren und das Ganze 1 Stunde lang köcheln lassen.

Steckrübe und Kartoffeln schälen und in kleine Stifte schneiden. Die Zwiebeln schälen und würfeln. Den Speck in einer Pfanne ohne weitere Fettzugabe anschwitzen, die Zwiebeln hinzugeben und goldbraun rösten. Anschließend zusammen mit Kartoffeln und Steckrüben zu dem Schweinebauch geben, aufkochen und dann 20 Minuten lang köcheln lassen. Die Petersilienblättchen abzupfen und fein hacken. Nach Ablauf der Kochzeit den Eintopf noch einmal mit Salz und Pfeffer abschmecken, das Teeei und die Lorbeerblätter entfernen, den Schweinebauch aus dem Topf nehmen und in Scheiben schneiden. Das Gemüse auf Tellern anrichten, die Schweinebauchscheiben darauf verteilen und die Petersilie darüberstreuen.

Keine Panik im weißen Schloss – das Hotel Atlantic

An einem anderen Hochzeitstag sind Ulli und ich mal wieder nach Hamburg gefahren und dieses Mal im Hotel Atlantic abgestiegen. Ein besonderer Tag, da kann man sich auch etwas Besonderes gönnen! Ich hatte schon ein paar Jahre zuvor einmal in diesem altehrwürdigen Haus eine Suite bewohnt, damals prägte es noch ein ausgesprochen morbider Charme. Die Tapeten waren vergilbt, an den Fensterrahmen bröckelte der Lack. Aber es atmete spürbar den Hauch der Geschichte und einer ehrfurchtgebietenden Vergangenheit.

Inzwischen war das Hotel gründlich generalüberholt und auf den neusten Stand gebracht worden. Wir bezogen ein großzügiges Zimmer im japanischen Stil, äußerst stylish, mit tollem Blick auf die Außenalster. Das spiegelte sich natürlich auch im Preis wider, der sich gegenüber meinem ersten Besuch ungefähr verdoppelt hatte. Aber was soll's. Es war ja ein besonderer Tag.

Nachdem wir uns mit den Tücken der Bedienung des zimmereigenen Hightech-Kaffeeautomaten vertraut gemacht hatten, wollten wir uns zunächst einmal kurz ausruhen. Das edle Designersofa war mit dem Rücken zum Fenster aufgestellt. Da saßen wir also und blickten auf makellosen Chinalack und fein abgestimmtes ostasiatisches Raumdesign. Aber da stimmte doch etwas nicht? Es war ein sonniger Tag im Mai, hinter unserem Rücken lag die Außenalster mit ihrer ganzen Pracht.

Die Alster ist ein kleiner Nebenfluss der Elbe. Kurz bevor sie in diese einmündet, bildet sie den malerischen Alstersee, der mitten in Hamburgs Innenstadt liegt und sich in Binnen- und Außenalster aufteilt. Diesen See gibt es schon seit 1190, es ist ein Stausee, der seinerzeit geschaffen wurde, um eine große Kornmühle mit Wasserkraft zu betreiben. Der hierfür erforderliche Staudamm wurde im Laufe der Jahrhunderte immer mehr verbreitert und trägt heute den Namen „Jungfernstieg". Und erst im 17. Jahrhundert erfolgte durch die Errichtung von Wallanlagen die Aufteilung des Sees in Binnen- und Außenalster. Die kleinere Binnenalster ziert heute eine hohe Fontäne, gerahmt ist sie von Hamburger Traditionshäusern wie dem Alsterhaus, dem Alsterpavillon, dem Firmensitz der Hapag-Lloyd Reederei und dem schneeweißen Jugendstil-Prachtbau des traditionsreichen Luxushotels Vier Jahreszeiten.

Die Außenalster hingegen ist umgeben von Spazierwegen und Grünanlagen, sie ist ein innerstädtisches Erholungsgebiet. Auf dem Wasser tummeln sich Segler, Ruderer und Tretbootfahrer, und ihren alljährlichen Höhepunkt erlebt sie beim großen Feuerwerk anlässlich des Kirschblütenfests der japanischen Gemeinde von Hamburg. Womit wir wieder bei Japan sind. Japan? Nein, Hamburg! Kurz entschlossen drehten wir das gute Sofa um und schauten aus dem Fenster.

Als wir uns sattgesehen hatten, beschlossen wir, das Hotel etwas näher in Augenschein zu nehmen. Das Hotel Atlantic ist wie das Hotel Vier Jahreszeiten ein würdevolles Luxushotel, das in der Epoche des Jugendstils entstand. Es wurde 1909 eröffnet, und damit schaffte man endlich ein äußerst brisantes Problem aus der Welt. Denn in Hamburg trat die erlauchte Gesellschaft der Erste-Klasse-Passagiere eine den höchsten Ansprüchen genügende Schiffspassage in die Neue Welt an, betrieben von der Reederei Hapag. Doch bislang hatte es eines adäquaten Aufenthaltsortes für die Wartezeit bis zur Abreise ermangelt. Das war nun endlich vorbei, die feinen Herrschaften nahmen in der Zwischenzeit Logis im eigens für sie geschaffenen Hotel Atlantic. Franz Pfordte übernahm die Küche, und hätte es damals schon Michelin-Sterne gegeben, so wäre ihm mit Sicherheit gleich eine ganze Handvoll davon zuteilgeworden. Denn Pfordtes Kunst hatte schon Großfürsten, Könige, Kaiser und sogar Reichskanzler Bismarck betört.

Das prächtige Hotel erhielt dank seiner strahlend weißen Prunkfassade schnell den Beinamen „weißes Schloss an der Alster". Es liegt nur einen Steinwurf vom Hauptbahnhof entfernt, sodass die illustren Gäste keinen weiten Weg in Kauf nehmen mussten, wenn sie dort ihrem Salonwagen entstiegen.

Hier sind wir im Hamburger Stadtteil St. Georg, der seinen Namen dem heiligen Georg verdankt. Der diente nämlich als Schutzpatron des Lepra-Hospitals, das sich hier einst befand, zu einer Zeit, als dieser Bezirk noch vor den Toren der Stadt lag. Später schob man Pestkranke sowie stinkende Gewerbe wie die Schweinezucht nach St. Georg ab, und schließlich wurde das Viertel vom städtischen Galgen gekrönt. Ein nicht gerade einladendes Ambiente für die bessere Gesellschaft. Doch von der Eingliederung St. Georgs in das Hamburger Stadtgebiet in der zweiten Hälfte des 19. Jahrhunderts sowie von der Eröffnung des Hauptbahnhofs versprach man sich das Aufblühen des vernachlässigten Viertels. Das Gegenteil trat ein, da halfen weder Außenalster noch Hotel Atlantic. Denn wie überall zog die Bahnhofsnähe vor allem Vergnügungssüchtige, Prostituierte, Drogenabhängige, Kriminelle und andere zwielichtige Gestalten an.

Aus diesem Pfuhl ragte das Hotel nun als einsame Bastion des Luxus hervor. Der Eingang liegt in einer etwas schmuddeligen Seitenstraße, wo der Portier den überraschten Gast empfängt und in die völlig andere Welt hineinführt, die sich hinter den Pforten des Hotels auftut. Schlagartig ist die prekäre Umgebung vergessen, wie durch das Tor zu einer anderen Dimension betritt man ein Refugium der Noblesse.

Seit der umfassenden Renovierung darf sich das Hotel auch wieder in die höchste Bewertungskategorie „Fünf Sterne Superior“ einreihen. Wer etwas auf sich hält, der fühlt sich hier wohl, inmitten von Prunk, Pracht und Tradition.

Einer, der den Wert dieser Vorzüge schon früh erkannt hat, ist Udo Lindenberg. Bereits seit Mitte der Neunzigerjahre ist der Panikrocker Dauergast im Hotel Atlantic. Das ist nicht zu übersehen, denn sowohl das Hotelrestaurant als auch die Bar und eine Galerie hinter dem Foyer sind mit den poppigen „Likörellen“ des Künstlers geschmückt. Diese farbenfrohen Gemälde erstellt der Meister ganz kultig mithilfe von verschiedenfarbigem Likör.

Der berühmte Gast hat sich häuslich eingerichtet. Das ganze Hotel ist sein Zuhause. Er sitzt an der Bar und plaudert mit Gästen, er schlurft mit seinem berühmten Gang und dem obligatorischen Schlapphut durchs Foyer und raucht dabei seelenruhig Zigarre, obwohl hier selbstverständlich Rauchverbot herrscht. Normalsterbliche Nikotinsüchtige werden in ein verqualmtes Kabuff hinter der Bar komplimentiert, nicht so Udo Lindenberg. Ihm gestattet man die Exzentrik des alten Meisters, genau wie vordem Hamburgs anderem Titanen, dem im November 2015 verstorbenen Helmut Schmidt, dessen Kettenraucherei allerorts stoisch hingenommen wurde.

Die Rock-Legende bewohnt eine Zweizimmersuite mit Alsterblick, im Restaurant hat er seine eigene Nische und unterm

Dach sein Atelier. Er genießt die Vorzüge von Concierge, Zimmerservice, Privatkino, Hotelpool, Sauna und Solarium, und wenn ihm danach ist, setzt er sich an den Flügel in der Bar und spielt. Nur während der Renovierungsphase wurde es Lindenberg zu ungemütlich, während der Coronakrise zu brisant, beide Male wechselte er vorübergehend das Quartier. Die Hotelleitung weiß seine Anwesenheit zu schätzen und belohnt sie mit äußerster Diskretion. Schließlich erleuchtet der Glanz eines so prominenten Gastes auch das vornehmste Hotel noch ein bisschen mehr. Dass einige Szenen aus dem James-Bond-Film „Der Morgen stirbt nie" mit Pierce Brosnan hier im Atlantic gedreht wurden, verblasst dagegen schon fast.

Auch wir sind später noch in die Bar gegangen. Wer weiß, vielleicht würden wir dort Udo am Piano antreffen? Oder wenigstens mit einem Cocktail an der Theke? Wir wurden enttäuscht. Es war auch noch viel zu früh, denn wie eine Lichtgestalt erscheint Udo Lindenberg meist erst zu weit fortgeschrittener Stunde.

So haben wir uns denn auf den Weg gemacht, um St. Georg zu erkunden. Denn der Stadtteil hat sich in den letzten Jahren gemausert, vom Rotlichtmilieu entwickelt er sich zum Künstlerviertel.

Also schlendern wir die Lange Reihe entlang, eine der schönsten Altstadtstraßen von Hamburg. Im Haus mit der Nummer 71 wurde eine andere Hamburger Lichtgestalt geboren: Hans Albers – der blonde Hans von der Reeperbahn!

Gestovte Schnippelbohnen mit Frikadellen

Zutaten für 4 Personen:

1 kg grüne Bohnen
600 g Hackfleisch halb/halb
250 ml Milch
150 g Paniermehl
50 g Butter
30 g Mehl
1 Ei
1 altbackenes Brötchen
1 Zwiebel
1 Bd. Blattpetersilie
Bratfett
Muskatnuss
Salz
Pfeffer

Zubereitung:

Die Bohnen waschen, putzen und in kleine Rauten schneiden. In einem Topf mit Salzwasser bedecken, aufkochen, 15 Minuten köcheln lassen und in ein Sieb abgießen, das Kochwasser auffangen. Die Bohnen mit kaltem Wasser abschrecken und beiseitestellen. Das Brötchen in einer Schüssel mit handwarmem Wasser 10 Minuten quellen lassen. Die Zwiebel schälen und fein würfeln. Die Petersilienblättchen abzupfen und fein hacken. Das Hackfleisch mit Ei, Zwiebelwürfeln und der Hälfte der Petersilie in eine Schüssel geben, mit Salz, Pfeffer und Muskatnuss würzen. Das Brötchen sehr gut ausdrücken, hinzugeben und alles durchkneten. Kleine Frikadellen daraus formen, ringsum in Paniermehl wälzen. In einer Pfanne mit reichlich Bratfett bei mittlerer Hitze auf beiden Seiten je ca. 10 Minuten bräunen. In einem Topf die Butter zerlassen und das Mehl darin anschwitzen. Mit der Milch ablöschen, aufkochen, mit Salz und Pfeffer würzen. Ggf. etwas vom Bohnenwasser hinzugeben. Dann die Bohnen hineingeben und kurz wärmen. Zum Schluss die restlichen Petersilie unterrühren und die gestovten Bohnen zusammen mit den Frikadellen servieren.

Hoppla, jetzt komm' ich! – Hans Albers

Schwermut liegt in den wasserblauen Augen des Seemanns Hannes. Und auch sein verschmitztes Lächeln kann nicht darüber hinwegtäuschen, dass ihn der Abschied traurig stimmt. Die Viermastbark Padua wird ihn nach Australien mitnehmen. Seine Liebe ist verloren, doch dafür hat er endlich seine andere große Liebe wiedergefunden, die See. Denn allein hier liegt sie, die wahre große Freiheit, und nicht im Haus mit der Nr. 7 in der gleichnamigen Hamburger Straße. So endet eines der größten Melodramen der deutschen Filmgeschichte.

Das Werk ist so atmosphärisch dicht und die darin enthaltenen Lieder haben sich so tief im kollektiven Bewusstsein der Deutschen verankert, dass es als Inbegriff der Hamburg-Romantik gilt. Der Ruf der Reeperbahn nachts um halb eins ist voller Verlockung und doch zugleich auch abschreckend. Die ganz großen Gefühle und die Gefahr, ins Bodenlose abzustürzen, das sind die Themen dieses Streifens, und seine Seele haucht ihm der Hauptdarsteller ein, der unvergleichliche Hans Albers. Ein grandioser Schauspieler und das Idealbild des stattlichen blonden Kerls aus Hamburg. Hart, männlich, kernig, doch zugleich auch warmherzig und gefühlvoll.

Der Film entstand 1943, zu einer Zeit, als die Machthaber in Deutschland genau diesen Menschentypus idealisierten und zum Maß aller Dinge erklärten. Doch obwohl er dem Leitbild des Ariers so vollkommen zu entsprechen schien, stach Hans Albers den Nazis im Grunde wie ein Dorn im Auge. Der blonde Hans hatte ganz offensichtlich nicht nur keine besonders hohe Meinung von den Nationalsozialisten, er war zu allem Überfluss auch noch mit einer Halbjüdin liiert.

Zur Zeit der nationalsozialistischen Machtergreifung genoss Albers allerdings bereits den Status eines überaus beliebten Schauspielers. Mit mehr als 100 Stummfilmrollen war er deutschlandweit berühmt geworden, und als einer von ganz wenigen Stummfilmdarstellern hatte er es geschafft, seine Karriere auch im Tonfilm fortzusetzen, unter anderem 1930 neben Marlene Dietrich in „Der blaue Engel". Denn als ausgebildeter Schauspieler beherrschte er neben Mimik und Gestik auch eine akzentuierte Sprache. Die diffuse, brüchige Stimme wurde zu seinem unverkennbaren Markenzeichen.

Doch um ein Haar wäre anstelle eines markanten Mimen bloß ein durchschnittlicher Kaufmann aus ihm geworden. So wollte es sein Vater, ein Schlachthofbesitzer aus St. Georg, dem Hans im September 1891 als jüngstes seiner sechs Kinder geboren wurde. Ohne Wissen der Eltern brach Hans seine Kaufmannslehre ab und nahm heimlich Schauspielunterricht. Sein überaus dominanter Vater, der in St. Georg auch als „schöner Wilhelm" bekannt war, hätte niemals erfahren dürfen, dass sein Sprössling offenbar eine halbseidene Laufbahn einschlagen wollte. Doch die weichherzige Mutter bekam schnell Wind vom Traum ihres Sohnes, der sein Leben unbedingt der Schauspielerei widmen wollte, und unterstützte ihn hinter dem Rücken des Vaters mit Geld. Das Talent des jungen Mannes blieb nicht verborgen, bald erhielt er erste Engagements. Doch er zählte noch keine 23 Jahre, als der Erste Weltkrieg zunächst einen Strich durch seine Karriererechnung machte. An der

Westfront erlitt er eine schwere Verletzung, beinahe hätte er sein zerschossenes Bein verloren.

Aber Hans Albers berappelte sich wieder. Nach dem Krieg brillierte er in etlichen Filmrollen, seine Paraderolle jedoch spielte er im Theater: den Liliom im gleichnamigen Jahrmarkt-Drama von Ferenc Molnár. Mit dieser Rolle sollte er auch nach dem Zweiten Weltkrieg die Herzen im Sturm erobern. „Das haben die Frauen so gerne", titelte der Spiegel 1948 über ihn und schrieb von seinem gewichtigen Seemannsgang sowie von den strahlend blauen Augen. Mehr als 1.800-mal hat Albers diese Rolle im Lauf seines Lebens verkörpert. Und spätestens, wenn er mit seinem männlich-schnodderigen Vibrato den Rummelplatz-Song „Komm auf die Schaukel, Luise" intonierte, schmolzen die Frauen reihenweise dahin. Hans Albers sei immer mit Hans Albers zufrieden, schrieb der Theaterkritiker Friedrich Luft über ihn, er gefalle sich selbst, und daher gefalle er auch den Leuten so gut. „Kerle wie er sind ein Gottesgeschenk, weil man selbst gerne so wäre", beschloss Luft seine Hymne auf Hans Albers.

20 Jahre lang habe er schuften müssen, bis seine große Chance kam, sagte Hans Albers später einmal. Er spielte in dieser Zeit alles, was ihm angeboten wurde, Komödien, Operetten, Schurkenstücke, Revuen und Boulevard-Possen, er stellte den schmierigen Frauenhelden dar, den samtigen Verführer oder den durchtriebenen Gangster. Mit 37 Jahren gelang ihm endlich der Durchbruch, als am Berliner Deutschen Theater ein Schauspieler kurzfristig absprang und man Albers dessen Rolle zusprach. Als gewissenloser Kellner in Ferdinand Bruckners „Die Verbrecher" eroberte er die Hauptstadt.

Die eroberten allerdings schon wenige Jahre später auch andere. Albers, der mittlerweile zum Filmstar geworden war, zog sich deshalb mit seiner Lebensgefährtin Hansi Burg an den

Starnberger See zurück, züchtete Rosen und gab sich zunehmend dem Cognac hin. Zwar drehte er weiter Filme, doch versuchte er, sich den Nationalsozialisten so weit wie möglich zu entziehen. Gemeinsame Filmpremieren und sonstige Feierlichkeiten mit Parteigrößen vermied er, niemals zeigte er sich an der Seite von einflussreichen Nazi-Funktionären. Die Entgegennahme eines Preises aus der Hand von Joseph Goebbels lehnte er ab.

Die Nazis reagierten zunehmend verschnupft. Doch seine Popularität schützte Hans Albers vor Verfolgung. Neben Heinz Rühmann und Zarah Leander war er der größte Star der UFA. Und mit Millionen von begeisterten Fans wollten sich selbst die Nazis nicht anlegen.

Es kam Albers durchaus gelegen, dass die Nazis ihn zum „Staatsschauspieler“ ernannten und ihm Gagen in schwindelerregender Höhe zubilligten. Dennoch erhöhten sie auch den Druck auf ihn. Seine Karriere zählte Albers mehr als alles andere, und um diese nicht zu gefährden, trennte er sich offiziell von seiner halbjüdischen Lebensgefährtin, obwohl er inoffiziell mit ihr liiert blieb. Hansi Burg ging ins Londoner Exil, erst nach dem Krieg lebten die beiden wieder zusammen.

Während der Kriegsjahre drehte Albers mehrere Filme, darunter den dritten abendfüllenden deutschen Farbfilm „Münchhausen“. Unter den in dieser Zeit entstandenen Albers-Filmen sind auch drei, die man als unverblümte Propagandafilme einstufen kann. Dass Theaterkollegen verfolgt wurden oder gar verschwanden, entging Albers nicht. Doch er schwieg. Seine politische Haltung war in Abwägung mit seinen persönlichen Karrierewünschen ganz offensichtlich ambivalent.

Dennoch folgte er seinen eigenen künstlerischen Vorstellungen, als er 1943 zusammen mit Ilse Werner, Hans Söhnker und Gustav Knuth unter schwierigen Bedingungen die „Große Freiheit Nr. 7“ drehte. Nur wenige Szenen konnten in Hamburg gedreht werden, die im Hafen liegenden Kriegsschiffe wurden dabei unter Tarnnetzen versteckt. Doch die Dreharbeiten in Hamburg, Babelsberg und Berlin mussten wegen schwerer Bombenangriffe abgebrochen werden, fertiggestellt wurde das Werk schließlich in Prag. Dort war man zudem vor den Eingriffen der Nazis in die Dramaturgie des Films weitgehend sicher.

Das Propagandaministerium hatte sich unter dem Film eine Lobpreisung der deutschen Handelsmarine vorgestellt und die Dreharbeiten unter dieser Voraussetzung genehmigt. Heraus kam aber eine schwermütige Sozialkritik mit rauchenden, saufenden und prügelnden Akteuren, ja schlimmer noch, mit deutschen Mädels, die sich freimütig außerehelichen Liebesverhältnissen hingaben. Das stand im krassen Gegensatz zum nationalsozialistischen Idealbild von deutschen Seeleuten und deren Frauen. Im Filmschlager „La Paloma“ erkannte Joseph Goebbels sogar versteckte politische Anspielungen, denn da heißt es: „...einmal muss es vorbei sein...“ Damit war es auch für den Film vorbei. Die Nazis verboten noch im Erscheinungsjahr 1944 dessen Aufführung.

Erst ein Jahr später gaben die Alliierten ihn wieder frei. Der Erfolg war gigantisch, fast alle im Film enthaltenen Schlager wurden weltberühmt. 1953 entstand ein Spin-off mit Hans Albers und Heinz Rühmann, das nach dem Ohrwurm „Auf der Reeperbahn nachts um halb eins“ benannt wurde und zu einem der größten deutschen Filmerfolge der Nachkriegsjahre geriet.

Die Nazizeit überstand Hans Albers politisch weitgehend unbelastet. Seine Karriere konnte er nach dem Krieg deshalb uneingeschränkt fortsetzen. Tough und „hart wie Kruppstahl“

hat der blonde Hans sich niemals doubeln lassen und auch die waghalsigsten Stunts stets selbst ausgeführt. 1960 stürzte er bei einer Aufführung in Wien, verletzte sich dabei und erlitt schwere innere Blutungen. Davon konnte er sich nicht mehr erholen, wenige Monate später starb Hans Albers.

Noch ein paar Tage zuvor hatte der damalige Bundespräsident Heinrich Lübke ihm das Bundesverdienstkreuz 1. Klasse verliehen. Hans Albers wurde auf dem Ohlsdorfer Friedhof in Hamburg beigesetzt. 10.000 Menschen kamen zu seinem Begräbnis. Abseits der Reeperbahn wurde schon vier Tage nach seinem Tod ein kleiner Platz in „Hans-Albers-Platz" umgetauft. Seit 1986 zierte dessen Mitte eine drei Meter hohe Hans-Albers-Statue, die von Künstlerikone Jörg Immendorff geschaffen wurde. Eine Zeit lang betrieb Immendorff an diesem Platz die Künstlerkneipe „La Paloma" und schmückte sie mit Werken von Joseph Beuys, Georg Baselitz und anderen. Der Künstler stritt sich aber mit der Stadt und ließ die Albers-Figur deshalb neun Jahre später wieder demontieren. Sie steht nun im Düsseldorfer Medienhafen. Weil das natürlich für Hamburg einen unhaltbaren Zustand darstellte, söhnte man sich schließlich mit Immendorff aus und bestellte eine Kopie des Standbilds, die nun auf dem Hans-Albers-Platz bestaunt werden kann. Der Unterschied zum Original fällt den Nachtschwärmern gar nicht auf, wenn sie zu fortgeschrittener Stunde schwankend aus den nahegelegenen Kneipen kommen, zum Beispiel aus dem Table-Dance-Club, der sich heute unter der Adresse „Große Freiheit Nr. 7" befindet.

In der Straße Große Freiheit liegt auch der Musikclub Indra, wo eines Tages im August 1960 vier völlig unbekannte Jungs aus Liverpool erstmals in Deutschland auftraten, nur vier Wochen nach dem Tod von Hans Albers...

Birnen, Bohnen und Speck

Zutaten für 4 Personen:

600 g durchwachsener Räucherspeck in ca. 0,5 cm dicken Scheiben
600 g grüne Bohnen
600 g Kartoffeln
2 Zwiebeln, 4 Kochbirnen
250 ml Birnensaft
2 Zweige Bohnenkraut (alternativ 2 Tl getrocknetes Bohnenkraut)
Salz
weißer Pfeffer

Zubereitung:

Die Zwiebeln schälen, würfeln und zusammen mit dem Speck in einen Topf mit 500 ml Wasser und dem Birnensaft geben. Aufkochen, die Hitze reduzieren und 30 Minuten lang köcheln lassen. In der Zwischenzeit die Bohnen waschen, die Enden und Fäden entfernen. Die Kartoffeln schälen und würfeln. Die Birnen gründlich waschen. Das Bohnenkraut fein hacken.

Nun die Bohnen, das Bohnenkraut und die Kartoffeln mit in den Topf geben, mit Salz und weißem Pfeffer würzen, die Hitze erhöhen und das Ganze bei geöffnetem Deckel 10 Minuten lang kochen lassen. Dann die ganzen Birnen mit hinzugeben und noch einmal 15 Minuten lang kochen lassen.

Die Kartoffeln und Bohnen auf Teller geben, in die Mitte je eine ganze Birne mit dem Stiel nach oben setzen und die Speckscheiben darum herumlegen.

Beatlemania – die Pilzköpfe in Hamburg

Auf dem Kiez war es ein bisschen langweilig geworden. Der Rock 'n' Roll der Fünfzigerjahre hatte seine Strahlkraft genauso eingebüßt wie das Lebensgefühl dieser Epoche. Das alles war ausgekostet worden bis zum Abwinken: Elvis, Jukebox, Hula Hoop, Petticoat, Conny Froboess, Peter Kraus und Buddy Holly. Eine tolle Zeit, aber genug ist genug. Die Fünfzigerjahre waren vorbei, man schrieb das Jahr 1960. Der Zeitgeist verlangte nach etwas Neuem. Aber was sollte das sein?

Bruno Koschmider, Clubbesitzer auf dem Hamburger Kiez, galt als umtriebig und geschäftstüchtig. Seine beiden Läden lagen in der Großen Freiheit, außerdem besaß er ein winziges Kino, das „Bambi". Der kleine Mann konnte damit auf eine große Karriere zurückblicken, denn begonnen hatte er einst als kleinwüchsiger Zirkusclown und Trapezartist. Er wollte mehr, deshalb eröffnete er schon 1950 die kleine verruchte Stripbar „Indra" in der Großen Freiheit 64, und, weil es gut lief, neun Jahre später noch dazu den deutlich größeren Musikclub „Kaiserkeller" im Haus Nummer 36.

Hier wagte er etwas Neues: Als erster Club Deutschlands bot der Kaiserkeller Rockmusikern eine Bühne für regelmäßige Liveauftritte. Das galt damals als Sensation. Es erwies sich allerdings als nicht gar nicht so einfach, im immer noch etwas miefigen Deutschland der ausgehenden Fünfzigerjahre entsprechende Bands zu finden, außerdem wirkte internationaleres Flair wie ein Publikumsmagnet. Deshalb wandte sich Koschmider an den Liverpooler Allan Williams. In Liverpool gab es damals eine boomende Musikszene, hier wurden Klangexperimente gewagt, von denen man in Deutschland nur träumen konnte. Williams vermittelte Tony Sheridan nach Hamburg, und der trat mit seiner Gruppe „The Jets" äußerst erfolgreich im Kaiserkeller auf. Die Sache lief großartig, und so beschloss Koschmider, auch im kleinen Indra-Club Livemusik spielen zu lassen. Dieser Club war ein schummeriges, verqualmtes Loch, in dem vor allem Prostituierte und deren Kundschaft verkehrten. Folglich sollte es hier auch wilder, anrüchiger und ungezügelter zugehen als im deutlich solideren Kaiserkeller.

Koschmider rief Williams in Liverpool an, schilderte diesem seinen Plan und fragte, was Williams da so auf Lager habe. Der überlegte kurz. Es gab noch einige ganz gute Bands in Liverpool, aber konnte man denen Auftritte in einer heruntergekommenen Spelunke zumuten? Eher nicht. Dann fielen ihm die vier blutjungen Chaoten ein, die sich bis vor kurzem noch „Johnny and the Moondogs" genannt hatten. Sie hießen jetzt anders, der neue Name fiel Williams gerade nicht ein. Die Jungs waren zäh und ließen sich nicht so leicht unterkriegen, obwohl die Tournee durch Schottland, bei der sie gerade einen etablierten Sänger begleitet hatten, sich als einziges Fiasko erwiesen hatte. Müde, ausgehungert und frustriert kehrten die Musiker von dieser Tour wieder zurück. Bestimmt wären sie dazu bereit, die Chance zu ergreifen, sich im fernen Hamburg ein paar D-Mark zu verdienen.

Dann fiel es Williams wieder ein. „Silver Beatles", so nannten sich die Typen. Wie blöd das klang. Und vor allem für Deutschland viel zu zungenbrecherisch und sperrig. Einfach nur „Beatles“, das würde schon reichen. Williams nickte zufrieden, aber das konnte Koschmider am anderen Ende der Leitung in Hamburg nicht sehen. „Ich hab‘ da was für dich“, sagte Williams deshalb. „Vier Jungs aus Liverpool mit tollem Potenzial. The Beatles.“

Am 16. August 1960 kamen John Lennon, Paul McCartney, George Harrison und Stuart Sutcliffe in Hamburg an. Mit dabei war außerdem noch Pete Best, den sie erst ein paar Tage zuvor als Schlagzeuger rekrutiert hatten. Koschmider betrachtete die Burschen abschätzig. Die waren ja noch grün hinter den Ohren! John zählte 19 Jahre, Paul und Pete erst 18 und George sogar bloß 17 Jahre. Stuart war mit gerade mal 20 Jahren der Älteste von ihnen. Na, wenn das mal gut gehen würde…

Koschmider brachte die Jungs in einem engen Hinterzimmer seines Kinos „Bambi“ unter. Als Gage wurden 150 D-Mark pro Woche vereinbart. Dafür sollten die Beatles täglich fünf bis sechs Stunden lang spielen.

Bereits am 17. August war es so weit. Zum ersten Mal traten die Beatles in Hamburg auf. Die Huren im Indra zeigten sich sehr angetan von den hübschen jungen Engländern und ihrer Musik. Doch Koschmider fand das Ganze viel zu brav. So hatte er sich das nicht vorgestellt. Deshalb nahm er die Jungs nach dem Auftritt beiseite. „Das klang ja schon ganz nett“, sagte er, „aber könnt ihr nicht ein bisschen wilder sein? Stampfen und toben, geht ganz rein in die Sache, Jungs! Macht eine Show!!“

Und so kam es, dass die Beatles sich bei ihren Auftritten wie wild gebärdeten. An einem Abend trampelten sie so heftig auf dem morschen Bühnenpodest herum, dass es zusammenbrach. „Das war die Geburtsstunde des stampfenden Beats“, sagte Paul McCartney später einmal über die Darbietungen im Indra. 48-mal traten die Beatles dort auf, und sie avancierten schnell zum Geheimtipp. Doch lange ging die Sache nicht gut. Die Nachbarn beschwerten sich wegen des fürchterlichen Lärms, der Laden wurde vom Ordnungsamt geschlossen.

Aber Koschmider wusste inzwischen, was er an den Beatles hatte. Deshalb schickte er sie kurzerhand in seinen anderen Musikschuppen, den Kaiserkeller. In der Hamburger Szene hatte es sich herumgesprochen, dass die Band aus Liverpool etwas Besonderes war. Längst kamen nicht mehr nur Gestalten aus dem Rotlichtmilieu zu ihren Auftritten, sondern auch junge Künstler und Intellektuelle. Eine von ihnen hieß Astrid Kirchherr. Sie hatte gerade ihr Studium an der Meisterschule für Mode und Design abgeschlossen, und eines Abends im Oktober 1960 nahmen ihre Freunde, der Grafiker Klaus Voormann und der Fotograf Jürgen Vollmer, sie mit zu einem Auftritt der Beatles. Die drei freundeten sich mit den Musikern an, und das sollte weitreichende Folgen haben. Vollmer trug nämlich eine für die damalige Zeit ausgesprochen extravagante Frisur. Schon als Schuljunge kämmte er sich die Haare stets nach vorne in die Stirn. Dieser verrückte Hairstyle erregte Aufsehen, und Stuart Sutcliffe fand ihn so cool, dass Astrid Kirchherr ihm die Haare genauso herrichten musste. Die anderen Beatles machten sich zunächst über Stuart lustig, doch ein Jahr später ließen sie sich alle von Jürgen Vollmer die gleiche Frisur verpassen. Die Pilzköpfe waren erfunden!

Von Jürgen Vollmer und Astrid Kirchherr stammen außerdem die ersten professionellen Fotografien der noch unbekannten Band. Die modebewusste Astrid stellte die Kleidung im später so typischen Beatles-Look zusammen und verliebte sich in Stuart. Die beiden wurden ein Paar.

Im Kaiserkeller trat zu dieser Zeit noch eine andere Band auf, mit der die Beatles sich fortan bei den Auftritten abwechselten. Es waren „Rory Storm & The Hurricans“, ebenfalls eine Vermittlung des Liverpoolers Allan Williams. Weil die

Bandmitglieder sich untereinander gut verstanden, halfen sie sich gegenseitig aus und spielten mitunter auch gemeinsam. Bei den Hurricans saß der 20-jährige Richard Starkey am Schlagzeug, der sich aber von allen nur „Ringo Starr" nennen ließ. Diese Begegnung sollte Folgen haben. Knappe zwei Jahre später löste Ringo Starr Pete Best als Drummer der Beatles ab.

58 Abende lang spielten die Beatles im Kaiserkeller, dann kam es Ende November 1960 zum Eklat. Paul McCartney und Pete Best wurden der Brandstiftung bezichtigt und verhaftet. Sie verbrachten die Nacht auf der Davidwache, erst am nächsten Morgen entließ man sie wieder. Angeblich hatten sie einen Wandbehang in Koschmiders Bambi-Kino angezündet, als sie ihre Habseligkeiten im Hinterzimmer zusammenpackten, um in den Top Ten Club überzuwechseln. Der hatte ihnen nämlich ein besseres Angebot unterbreitet. Koschmider erstattete Anzeige, Paul, Pete und John suchten das Weite. Schon einige Tage zuvor war George Harrison nach England abgeschoben worden, weil er mit 17 Jahren noch nicht nach Mitternacht in einem Nachtclub auftreten durfte. Die Band ging zurück nach Liverpool, das Hamburger Intermezzo fand vorerst ein Ende. Nur Stuart blieb bei seiner neuen Freundin in Hamburg.

Böse Zungen behaupten, Bruno Koschmider habe das Gerücht von der Brandstiftung bloß aus Rache in die Welt gesetzt, weil die Beatles in einen anderen Club wechseln wollten. Zumindest Letzteres stimmte wohl, denn schon im April 1961 kehrten die vier nach Hamburg zurück. George war inzwischen 18 geworden, seinen Auftritten stand nichts mehr im Wege. Als ihre neue Bühne fungierte nun der Top Ten Club an der Reeperbahn 136. 29-mal traten die Beatles in diesem Jahr hier auf. Bert Kaempfert, Hamburger Komponist, Orchesterchef und Pionier des „Easy Listening", wurde auf sie aufmerksam, es kam zu einer ersten Plattenaufnahme mit der

Firma Polydor. Aus der Feder von Kaempfert stammen übrigens unzählige Hits, allen voran Frank Sinatras „Strangers in the Night", aber das nur am Rande.

Langsam begann der Erfolgszug der Beatles zu rollen. Schon im nächsten Jahr überboten sich die Hamburger Clubs gegenseitig für ein Engagement der Band. Den Zuschlag erhielt der Star Club an der Großen Freiheit 39, der im April 1962 eröffnet wurde. Schon sieben Jahre später schloss er seine Tore wieder, doch Zeit genug, um zur Legende zu werden. Denn außer den Beatles spielten hier Jimi Hendrix, Little Richard, Fats Domino, Jerry Lee Lewis, Bill Haley, Chuck Berry und etliche andere Berühmtheiten der Rockmusik.

1962 sollte das letzte Jahr sein, in dem sich Hamburg an Club-Auftritten der Beatles erfreuen konnte. In diesem Jahr formierte die Band sich neu, Pete Best schied aus. Stuart Sutcliffe, der die Band schon im Vorjahr verlassen hatte, starb im April in den Armen seiner Freundin Astrid an einer Hirnblutung. Nun gehörte Ringo Starr zu den Pilzköpfen, im Oktober 1962 erschien mit „Love Me Do" die erste offizielle Single der Beatles. Der Durchbruch ließ sich nicht mehr stoppen.

Doch die Erfahrungen auf dem Kiez, die wüsten Wochen zwischen Sex, Drogen, Alkohol, Krawall und Gewalt und nicht zu vergessen die Stylingberatung durch ihre Hamburger Freunde, all das ist es, was die Jungs aus Liverpool letztendlich erst zu den Beatles gemacht hat.

Die Stadt Hamburg ehrt ihre berühmten Gäste mit dem 2008 eröffneten Beatles-Platz an der Einmündung der Straße Große Freiheit in die Reeperbahn. Sein schwarzer Bodenbelag ist einer Schallplatte aus Vinyl nachempfunden, die Silhouetten der ursprünglich fünf Bandmitglieder sind als Skulpturen aufgestellt, gravierte Metallplatten erinnern an berühmte Beatles-Titel. Die Botschaft ist klar: ohne Hamburg keine Beatles!

Mexikaner – der Kultdrink vom Kiez

Zutaten:

70 ml klarer Schnaps
200 ml Tomatensaft
50 ml Sangrita Picante
mehrere Spritzer Tabasco
1 Msp Salz
¼ Tl schwarzer Pfeffer

Zubereitung:

Alles gut miteinander vermischen und genießen!

Dieses Rezept stammt aus der Heavy-Metal-Kneipe „Steppenwolf“, die heute nicht mehr existiert. Der Drink hat sich aber mittlerweile in ganz St. Pauli verbreitet und ist in beinahe jeder Kneipe zu haben. Es gibt verschiedene Variationen, manche verwenden statt Schnaps auch Wodka oder Tequila. Es heißt aber, für das Original sei Korn verwendet worden. Wichtig ist auf jeden Fall, dass der Shot teuflisch scharf ist. Und dass man auf keinen Fall ein Glas Wasser dazu bestellen sollte. Dann outet man sich nämlich als Weichei.

Zu einer Geschichte über die Beatles hätte natürlich auch das Rezept für Labskaus gut gepasst. Außer in Norddeutschland und in Teilen Skandinaviens ist diese Spezialität nämlich auch in Liverpool schon seit Jahrhunderten bekannt, dort heißt das Gericht „Scouse“.

Auf der Reeperbahn nachts um halb eins – ein Besuch auf dem Kiez

Auch ich bin schon einmal dem verlockenden Ruf der Reeperbahn gefolgt. Damals wohnte ich rund 150 Kilometer von Hamburg entfernt, und so habe ich mich eines Abends nach zehn Uhr auf den Weg gemacht, um pünktlich nachts um halb eins auf der Reeperbahn zu sein. Damit hört der romantische Teil der Geschichte aber leider auch schon wieder auf, denn die allgegenwärtigen, überaus schrillen Sexangebote auf dem Kiez wirkten dann doch ziemlich abschreckend auf mich.

Mein Kardinalfehler ist es wohl gewesen, dass ich mich bei meinem nächtlichen Reeperbahnbesuch keiner fachkundigen Führung anvertraut habe. Wer weiß, vielleicht hätte es die damals auch noch gar nicht gegeben. Heute hingegen kann man sich vertrauensvoll in die Hände eines – nun, sagen wir, Gästeführers begeben. „Gästebegleiter" könnte an dieser Stelle missverstanden werden, und ob man auf der Reeperbahn auch „He lücht" sagen darf, vermag ich nicht zu beurteilen. Ich würde mich auch nicht trauen, denn oft können die Reeperbahn-Guides auf einen – im wahrsten Sinne – einschlägigen beruflichen Hintergrund verweisen. Einer der berühmtesten Gästeführer von St. Pauli trug den Namen „Inkasso-Henry". Da wird es mir leicht mulmig, weil ich gleich an Schlagringe und blitzende Messer denken muss.

Und tatsächlich erwies sich Inkasso-Henry als ein Typ, mit dem man sich nicht unbedingt anlegen wollte. Der umgekehrte Effekt lag allerdings darin, dass man bestimmt nichts von anderen zu befürchten hatte, wenn man den Kiez in seiner Begleitung erkundete. Schon mit zehn Jahren verkaufte er Aale auf dem Fischmarkt, und seit den Siebzigern gehörte er als feste Institution auf dem Kiez mit dazu. Er trat unter anderem in einer Sat.1-Serie als Zuhälter auf, womit die Rolle authentisch besetzt war, denn vorübergehend betätigte er sich in den Achtzigerjahren auch in dieser Profession. Ansonsten wirkte er als Kellner, Türsteher und Geldeintreiber. Er war ein Mann mit Erfahrung. Deshalb kam jeder in den Genuss von fundiertem Insiderwissen, der sich von Inkasso-Henry durch den Kiez führen ließ.

Man spürte seine Begeisterung, wenn er vor dem ehemals „schärfsten Laden der Reeperbahn“ stand, seinerzeit die Afro-Disco „Sahara“, später das „Nevada“. In den Siebzigerjahren kellnerte Inkasso-Henry hier von acht bis acht die ganze Nacht hindurch, und zehnmal kam der Krankenwagen – pro Nacht, wohlgemerkt.

In diesem Tenor ging es weiter, schwache Nerven und Prüderie waren während der Führung nicht angesagt. Allerdings meinte Inkasso-Henry auch: „Früher war alles besser.“ Und dann echauffierte er sich über den deplatzierten Lebensmitteldiscounter, der auf dem Kiez nichts verloren habe, und über den allgegenwärtigen Uringestank. Diesem wiederum trat das Viertel 2015 energisch entgegen. Dass auf der Reeperbahn in alle Ecken gepinkelt wird, nervt Anwohner und Gewerbetreibende schon lange, und weil Bußgelder nie viel geholfen haben, versuchte eine Interessengemeinschaft es mit Speziallack. Der enthält eine Nanobeschichtung, die bewirkt, dass der Urin von der damit gestrichenen Wand zurück in

Richtung Pinkler spritzt. „Wir pinkeln zurück", warnten Schilder an manchen Mauern im Kiez. An anderen mit Speziallack bepinselten Ecken wies hingegen niemand auf den tückischen Rückstrahl hin. So sollten Wildpinkler abgeschreckt werden, und Inkasso-Henry hatte dann vielleicht einen Grund weniger zum Schimpfen, wenn er Touristen durch St. Pauli führte.

Vorbei an der legendären Davidwache, vermutlich Hamburgs meistbeschäftigter Polizeistation, ging es weiter in die Herbertstraße. Für Minderjährige und alle Frauen, die nicht hier tätig sind, war jetzt allerdings selbst in Begleitung von Inkasso-Henry der Rundgang zu Ende. Sie haben dort keinen Zutritt.

Die Straße wird von beiden Seiten durch Sichtschutzwände abgesperrt, Warnschilder weisen auf das Zugangsverbot hin. Eigentlich ist das unzulässig, denn es handelt sich um eine öffentliche Straße, und von Rechts wegen darf jedermann und somit auch jede Frau sie betreten. Doch zwischen den Barrieren liegen 60 Meter und Dinge, die ich mir vielleicht lieber nicht vorstellen möchte. Hier befand sich das Betätigungsfeld von Domenica Niehoff, der „Königin der Reeperbahn". In den Achtzigerjahren galt sie als Deutschlands berühmteste Domina, weil sie sich mit zahlreichen Auftritten in Talkshows für die Legalisierung ihres Berufsstandes einsetzte.

Schon seit der Nazizeit ist die Herbertstraße durch Sichtbarrieren blockiert, denn öffentliche Prostitution wurde nicht geduldet. Ein komplettes Verbot ließ sich allerdings auch damals in St. Pauli nicht durchsetzen. Der Stadtteil hat nämlich eine lange Tradition als zwielichtiges Viertel. Er ist erst gegen Ende des 19. Jahrhunderts von der Stadt Hamburg eingemeindet worden, und ähnlich wie in St. Georg hatte man zuvor alles dorthin verbannt, was im Stadtgebiet nicht gerne gesehen wurde. Damals hieß die Gegend „Hamburger Berg" und beherbergte über Jahrhunderte hinweg den „Pesthof“, eine Anstalt für Opfer von Epidemien, insbesondere aber auch für Geisteskranke. Die armen Menschen sperrte man einzeln in Kästen, sogenannte „Tollkisten“, und nur ein handtellergroßes Loch bot ihnen noch eine Verbindung zur Außenwelt. Andere Gebäude waren hier lange Zeit nicht erlaubt, denn die freie Sicht auf die Elbe sollte nicht beeinträchtigt werden. Schließlich befanden sich gleich hinter dem Hamburger Berg die Tore der Stadt, und diese mussten gegen böswillige Eindringlinge verteidigt werden.

Doch mit den Jahren wurden immer mehr Gewerbetreibende, deren Tätigkeit Lärm und Gestank verursachte, aus der Stadt auf den Hamburger Berg verbannt. Auch die Seilmacher ließen sich hier nieder, denn innerhalb der Stadtmauern fanden sie nicht genug Platz für ihre raumgreifende Arbeit. Ihr Berufsstand nannte sich „Reepschläger“, und sie sind es gewesen, die später der Reeperbahn ihren Namen geben sollten.

Ab dem 17. Jahrhundert begannen auch fahrende Krämer und Schausteller, den Platz vor den Stadttoren für ihre Zwecke zu nutzen. Zu den Spielbuden und Schankbetrieben gesellten sich rasch die Prostituierten. Der nahe Hafen garantierte diesen schließlich einen nicht abreißenden Strom von immer neuen Freiern.

An alldem änderte sich auch nichts, als der Stadtteil St. Pauli aufgrund des starken Bevölkerungswachstums im 19. Jahrhundert immer mehr bebaut und schließlich von der Stadt Hamburg eingemeindet wurde. Ganz im Gegenteil, die einstigen Bretterbuden des Vergnügungsviertels wichen jetzt fest gemauerten Gebäuden für Bordelle, Theater, Kneipen, Tanzlokale und andere Amüsierbetriebe.

Allerdings hat sich das Rotlichtmilieu um die Reeperbahn herum konzentriert. Der Rest von St. Pauli besteht aus ganz normalen Wohnstraßen, in denen lange Zeit vornehmlich Handwerker, Arbeiter, Einwanderer und Rentner wohnten. Wegen der zentralen Lage und günstiger Mieten siedelten sich zunehmend auch Künstler und Studenten hier an. So entstand ein buntes Multikulti-Quartier, die Attraktivität des Wohngebietes stieg, und parallel dazu stiegen die Mietpreise. Damit begann sich auch die Bevölkerungsstruktur von St. Pauli allmählich zu ändern.

Nur der Kiez lässt sich nicht zähmen. Auch wenn Inkasso-Henry meinte, dass früher alles besser gewesen sei, so existiert im Rotlichtviertel von St. Pauli auch heute noch keine Sperrstunde und nichts, was es nicht gibt. Hier konzentriert sich das Hamburger Nachtleben, und das hat noch weitaus mehr zu bieten als bloß das Erotikgewerbe mit all seinen Facetten. Da gibt es etliche Theater und Kabaretts, Museen, Kunstgalerien, Diskotheken und Kneipen. In St. Pauli verkaufen auch heute noch kleine Läden Vinyl-Schallplatten oder kuriosen Tingeltangel, und die Musik-Clubs des Viertels gelten nach wie vor als Trendsetter.

Aber so ganz ohne ist das Viertel natürlich nicht. Gewalt und Bandenkriege machen die Straßen unsicher, und mit Schaudern hörte ich die Geschichten vom Auftragskiller Werner Pinzner oder vom Serienmörder Fritz Honka. Letzterer behauptete, kein Geringerer als Jack the Ripper persönlich habe ihm seine Gräueltaten eingeflüstert.

Es war im Sommerloch des Jahres 1975, als die Bild-Zeitung damit ein paar ihrer berüchtigten Sensations-Aufmacher landete. Die „düstere Welt des Massenmörders" verleitete die Redakteure zu einem bizarren Panoptikum von Horror-Vokabeln. „Geköpft", „zerhackt", „mit riesigen Schaufel-Händen erwürgt", „bei lebendigem Leibe zersägt", glotzte es da in übergroßen Lettern von den Titelseiten des Blatts. Der „Mörder mit dem Menjoubärtchen" trieb sein Unwesen in Hamburg, und niemand hatte es bemerkt.

Honka, der nach einer Kindheit im KZ, einer Jugendzeit in verschiedenen Heimen und einem Unfall, der sein Gesicht entstellte, unter schweren psychischen Problemen und extremem Alkoholismus litt, hatte vier gealterte Prostituierte ermordet und deren Leichen danach mit einer Fuchsschwanzsäge zerstückelt. Die Leichenteile versteckte er in seiner Wohnung. Niemand vermisste die bindungslosen Stadtstreicherinnen. Honkas Nachbarn fiel zwar der Verwesungsgeruch auf, der aus seiner Wohnung drang, doch keiner reagierte auf ihre Beschwerden. Erst als im Haus ein Brand ausbrach und die Feuerwehr verweste Körperteile entdeckte, kam die Sache ans Licht. Strafverteidiger Rolf Bossi, in jener Zeit Westdeutschlands Staranwalt schlechthin, nahm sich persönlich der Verteidigung Honkas an. Nach 17 Jahren in der Psychiatrie wurde Honka schließlich 1993 wieder entlassen. Er verbrachte seine letzten Jahre anonym und von Wahnvorstellungen geplagt in einem Altenheim.

Keine schöne Geschichte. Und außerdem ist Inkasso-Henry nicht mehr da. Er starb 2017 im Alter von 72 Jahren auf ganz unspektakuläre Weise an Herzschwäche. Deshalb habe ich jetzt genug vom Kiez. Es ist auch schon längst später als halb eins, der Morgen beginnt bereits zu grauen. So folge ich nun dem Weg, den viele Kiezbesucher um diese Stunde einschlagen, auf der Suche nach einem Katerfrühstück: zum Fischmarkt!

Rundstück warm

Zutaten für 4 Personen:

600 g Schweinebraten
4 Rundstücke (ersatzweise normale Weizenbrötchen)
1 Zwiebel
¼ Sellerie
1 kl. Stange Lauch
1 Möhre
1 Knoblauchzehe

½ l Rotwein
80 g mittelscharfer Senf
40 g Butter
30 g Stärkemehl
Bratfett
scharfes Paprikapulver
Salz
Pfeffer

Zubereitung:

Das Fleisch salzen, pfeffern, mit Paprika würzen und mit Senf bestreichen. Alles Gemüse putzen und sehr fein schneiden. In einer Pfanne etwas Bratfett erhitzen und das Fleisch ringsum anbraten. Das Gemüse hinzugeben und gut mit anbraten. Mit Rotwein ablöschen und bei mittlerer Hitze 45 Minuten köcheln lassen, mit Paprika, Salz und Pfeffer abschmecken. Zum Schluss das Fleisch herausnehmen, das Stärkemehl mit etwas Wasser verquirlen, mit der Butter in die Sauce rühren und diese kurz aufkochen. Das Fleisch in 4 Scheiben schneiden, die Rundstücke halbieren und jeweils auf die untere Hälfte eine Scheibe Fleisch legen. Mit der Sauce bedecken, das Rundstück zusammenklappen und servieren.

Das Rundstück ist ein Hamburger Brötchen ohne Schlitz. Das „Rundstück warm" soll ein Wirt von der Reeperbahn um 1900 erfunden haben, als Gäste warmes Essen wollten, die Küche aber schon geschlossen war. Da hat er etwas Braten aufgewärmt und auf Rundstücke gelegt. So entstand der Vorläufer des Hamburgers.

Krieg der Fische – auf dem Sonntagsmarkt von Altona

„Een noch överto!“, brüllt Blumen-Hein in markantem Hamburger Platt und hält einen Korb mit Orchideen in die Höhe. „Dat gaht nu louus hier! Billiger kriegt ehr dat nech mehr! De kosten in'n Laden glatt twölf fiefunnägentig, dat swör‘ ick juch!“ Und prompt prasseln aus der Menschentraube, die sich vor seinem Verkaufswagen gebildet hat, die Gebote auf ihn ein. „Wenn ick Geld hätt‘, tät ick's soelvst kopen!“, grölt Blumen-Hein dazwischen und schaut dabei so treuherzig aus seinem karierten Hemd heraus, dass man ihm fast glauben möchte.

„Angeboooottt!“, brüllt es vom Nachbarstand dazwischen, und ein schlaffer Aal in der Hand des dicken Fischhändlers Jost wirbelt über den Köpfen der Umstehenden herum. „Dat allerbest, wat dat auf dem düütschen Markt gifft, Kinners, kiekt jau de Woor eens on. Dat is noch echter Altonaer Räucheraal! Dat is noch echter Genuss! Bi mi keene veertig Euro, keene dörtig Euro, nee, twintig Euro, und dat för twee!“ *

Zwei ganze Aale für 20 Euro? Da muss man doch zugreifen! Sonntag früh, kurz vor halb sechs auf dem Fischmarkt. Hier treffen Feilscher, Schnäppchenjäger, Frühaufsteher, Nachtschwärmer und Partygänger aufeinander wie an kaum einem anderen Ort der Welt.

Schon Kaiser Barbarossa hatte den Hamburgern Hafenrechte und Handelsprivilegien verliehen, wozu auch das

Marktrecht gehörte. Das wussten die Stadtväter klug zu nutzen. Als eines der ersten Mitglieder des mächtigen mittelalterlichen Städtebundes Hanse hatte sich Hamburg zum wichtigsten Umschlagplatz zwischen Nord- und Ostsee entwickelt. Es war jetzt Reichsstadt, frei und unabhängig. Zwar eingebettet in die politische Ordnung des Umlandes, aber nicht an dessen föderale Strukturen gebunden.

Das fuchste den dänischen König Christian IV., dessen Reich sich damals bis nach Holstein ausdehnte. Schon 1617 hatte er Glückstadt an der Unterelbe als Retortensiedlung aus dem Boden stampfen lassen, um der mächtigen Hamburger Konkurrenz die Geschäfte streitig zu machen. Der ein Jahr später beginnende Dreißigjährige Krieg schien seinem Vorhaben in die Hände zu spielen. Die Leute bekämpften sich inbrünstig wegen ihrer unterschiedlichen Glaubensauffassungen, und so lockte er die verfolgten Angehörigen religiöser Minderheiten mit dem Versprechen der Religionsfreiheit in seine neue Stadt. Zunächst schien das gut zu funktionieren, doch als der Krieg zu Ende war, zogen die meisten Leute wieder aus Glücksstadt ab. Hamburgs Vormachtstellung bliebt unangetastet. Eine neue Idee musste her, um den Hanseaten endlich beizukommen.

Da fiel das Augenmerk von Christians Nachfolger Friedrich III. auf eine kleine Siedlung vor den Toren der Hansestadt: Altona, wo schon seit ein paar Jahrzehnten eine Handvoll Fischer um eine kleine Schankwirtschaft herum siedelte. Die Hamburger sahen das gar nicht gerne, allzu nahe vor ihren Toren – oder auf gut Platt „all to nah“ – lag das Fischerdorf, und womöglich entstand daraus der Name des Weilers. Doch gerade in dieser Nähe erkannte Friedrich III. einen strategischen Vorteil für seine Pläne. Kurzerhand verlieh er der Siedlung Altona 1664 die Stadtrechte, und, um seinem neuen Hoffnungsträger einen geschäftlichen Vorsprung vor Hamburg zu verschaffen, zusätzlich noch das Recht, nicht nur werktags, sondern auch am Sonntag vor dem Kirchgang Geschäfte zu machen.

Zwar ging die Rechnung des Dänen nicht auf. An Hamburgs wirtschaftlicher und politischer Macht konnte das Fischernest Altona nicht kratzen. Doch die Idee mit dem Sonntagsmarkt erwies sich als ausgesprochen prosperierend. Die Pfeffersäcke – so der Spottname der reichen Hamburger Hansekaufleute – verlangten besonders sonntags nach frischen Speisen, und die gab es jetzt in Altona, während bei ihnen selbst jeder sonntägliche Handel streng verboten war. Auf dem Sonntagsmarkt von Altona wurde deshalb nicht länger nur fangfrischer Fisch feilgeboten, sondern bald auch Obst, Gemüse, Blumen und vielerlei Kräuter. Das geschah im Sommer bereits in aller Herrgottsfrühe ab fünf Uhr, was den Fischern durchaus zupasskam. Um diese Zeit kehrten sie von ihren nächtlichen Fangzügen zurück und konnten ihre Beute unverzüglich an den Mann beziehungsweise an die Frau bringen. Das musste rasch gehen, nicht nur, damit der Fisch nicht verdarb, sondern auch, damit die Verkaufsstände pünktlich um halb zehn Uhr zusammengeklappt und weggeräumt werden konnten. Dann war Schluss mit dem Marktprivileg, die Kirchenglocken begannen zu läuten, und alle Leute strömten brav ins Gotteshaus, auch die Dienstboten der Hamburger Herrschaften, die auf dem Markt von Altona eingekauft hatten.

Freilich kamen die Hamburger nur sonntags auf den Markt von Altona. An den anderen Wochentagen kauften sie auf dem Alten Fischmarkt, der sich mitten in Hamburg-Altstadt befand. Dieser Ortsteil bildet heute den Westen der Innenstadt zwischen Neustadt, HafenCity und St. Georg. Hierher hatten die Fischer jahrhundertelang ihren Fang gebracht, doch irgendwann erforderte die stark angestiegene Bevölkerungszahl andere Maßnahmen der Vermarktung.

Mittlerweile ging es um Riesenmengen, die an die fischverarbeitende Industrie, an Gastronomiebetriebe und an Einzelhändler weiterverkauft wurden, und deshalb beschloss man in der zweiten Hälfte des 19. Jahrhunderts, den Fischmarkt vor die Tore der Stadt zu verlegen. Da bot sich St. Pauli geradezu an. Der Ortsteil grenzt an die Elbe, war damals noch weitgehend unbebaut und lag zudem direkt neben dem konkurrierenden Markt von Altona.

Die von den Hamburgern wenig geschätzte Nachbarstadt hatte sich um das Jahr 1800 herum zur zweitgrößten Stadt des Staates Dänemark gemausert. Während des 19. Jahrhunderts ging die Entwicklung weiter. In der Bürgerschaft erwachte nach der Französischen Revolution eine starke republikanische Strömung, die das Unabhängigkeitsdenken und Selbstbewusstsein der Altonaer stärkte. Hier gab es einen der ersten zollfreien Häfen von Nordeuropa, eine Sternwarte und die erste Tageszeitung im ganzen Großraum Hamburg. Der Deutsch-Dänische Krieg von 1864 brachte schließlich die Befreiung von der verhassten dänischen Herrschaft. Altona gehörte nun zu Preußen und wurde damit Teil des Deutschen Reichs. Die Geschäfte liefen gut.

Argwöhnisch beobachtete man in Hamburg die Entwicklung bei den Nachbarn. Die Hamburger Fischhändler ärgerten sich über den immer besser florierenden Altonaer Fischmarkt, und so kam ihnen die Idee gerade recht, ihren eigenen Markt nach St. Pauli und damit direkt neben den Altonaer Markt zu verlegen. Hamburg hatte gerade einen Zollanschluss an das Deutsche Reich vollzogen und versprach sich davon wachsende Geschäfte. Zusätzlich beflügelt durch den günstigen

Standort würde man Altona einen scharfen Handelswettbewerb liefern können.

Das wiederum verstimmte den Magistrat von Altona, und so beschloss man dort, einerseits einen brandneuen Fischereihafen an der Grenze zu St. Pauli auszubauen, und andererseits, diesen durch eine große Fischauktionshalle zu ergänzen. Dabei sollte keineswegs gekleckert werden. Die stolzen Altonaer errichteten eine mächtige dreischiffige Basilika im Stil einer römischen Markthalle. Der Plan ging auf, hier konnten sie schon bald weit mehr Fisch umschlagen als die Hamburger Konkurrenz nebenan. Diese schlief jedoch nicht und errichtete kurze Zeit später ihre eigene Auktionshalle direkt neben der von Altona.

Der ausufernde Handelskrieg zwischen Hamburg und Altona erwies sich als ein Wahnsinn, bei dem vor allem die Käufer profitierten, indem sie die Preise gnadenlos drückten. Das brachte die Herren der beiden Fischmärkte zum Nachdenken. Schließlich setzten sie sich zusammen und kamen zu einer Einigung. 1934 fusionierten die beiden Märkte. Damit kamen sie der weiteren Entwicklung nur ein paar Jahre zuvor, denn über die Köpfe der Bürger hinweg gemeindeten die Nationalsozialisten Altona 1938 zum Land Hamburg ein. Nun war es um Altonas städtische Selbständigkeit geschehen, es wurde Teil der Hansestadt.

Im Zweiten Weltkrieg erlitten die beiden Fischauktionshallen bei den schweren Luftangriffen der „Operation Gomorrha“ starke Schäden. Die alte Hamburger Halle riss man deshalb später ab, und beinahe wäre es der Altonaer Auktionshalle nicht anders ergangen. Es mussten erst Künstler aus München kommen, um deren Wert zu erkennen. In den Siebzigerjahren machten sie sich für den Umbau des Gebäudes zu einem Kulturzentrum stark. Nach langen Diskussionen wurde die

Altonaer Fischauktionshalle tatsächlich renoviert und umgestaltet. Sie dient heute kommerziellen und privaten Events, doch sonntags in der Frühe gehört sie den Nachtschwärmern. Dann gibt es Jazz und Rock, und wen es von der Reeperbahn hierhergetrieben hat, der kann nun nach Herzenslust bei gepflegter Livemusik weiterfeiern. Oder auf der Galerie sein Katerfrühstück genießen, während sich die Frühaufsteher draußen auf dem Fischmarkt drängen.

Denn der historische Sonntagsmarkt existiert bis zum heutigen Tag und hat sich zu einer der Hauptattraktionen der Hansestadt gemausert. Sonntag für Sonntag kommen in aller Herrgottsfrühe um die 70.000 Besucher ans Ufer der Elbe, und noch immer werden hier Fisch, Obst, Gemüse und Blumen verkauft. Außer diesen traditionellen Waren gibt es mittlerweile auch lebende Tiere und allen möglichen Krimskrams, von Souvenirs bis Handyzubehör, sowie allerhand Imbissbuden. Und natürlich gibt's auch in der blauen Stunde zum Fischbrötchen den unverzichtbaren hanseatischen Schnack.

Die Zeit der großen Fischauktionen ist allerdings vorbei, die Masse wird heute tiefgefroren per Flugzeug oder LKW nach Hamburg geliefert. Das hindert die zahllosen Marktschreier auf dem Fischmarkt aber nicht daran, ihre Waren weiterhin lauthals anzupreisen. Sie packen ihre Körbe voll und brüllen ihre scheinbar nicht zu unterbietenden Preise so lange heraus, bis sich endlich ein Käufer findet. Dabei übertrumpfen sie sich gegenseitig mit schrillem Geschrei und überdrehten Werbeshows. Aber gerade diese aufdringlichen Verkaufsstrategen machen den Fischmarkt erst zu dem, was er ist.

„Hier is dat Eldorado!“ brüllt Aal-Fiete hinter seinem Fischtresen. „Dat is eenmalich in Düütschland! De best Aal vom Fischmarkt, bi mi hüüt nix as twintig Euro för twee, un de Schillerlocke gifft et noch överto, un dann noch en Aal obendruff! Dat geb ick allens to'n Sülvstkostenpries aff, do heff ick nich een Euro dran verdent! Griept tu, Lüüd, so een Schangs kamt nech widder!" **

Zweifelnd blicke ich auf meine Tüte mit den zwei Aalen, die ich vorhin beim Fischhändler Jost gekauft habe. Da bin ich wohl zu voreilig gewesen.

* *„Einen noch dazu!" „Das geht jetzt los hier! Billiger bekommt ihr das nicht mehr! Die kosten im Laden glatt zwölf fünfundneunzig, das schwöre ich euch!" „Wenn ich Geld hätte, würde ich es selbst kaufen!" – „Das Allerbeste, was es auf dem deutschen Markt gibt, Kinder, schaut euch die Ware mal an. Das ist noch echter Altonaer Räucheraal! Das ist noch echter Genuss! Bei mir keine vierzig Euro, keine dreißig Euro, nein, zwanzig Euro, und das für zwei!"*

** *„Hier ist das Eldorado" „Das ist einmalig in Deutschland! Der beste Aal vom Fischmarkt, bei mir heute nur zwanzig Euro für zwei, und die Schillerlocke gibt es noch dazu, und dann noch einen Aal obendrauf! Das geb' ich alles zum Selbstkostenpreis ab, da habe ich nicht einen Euro dran verdient! Greift zu, Leute, so eine Chance kommt nicht wieder!"*

Heringssalat Hamburger Art

Zutaten für 4 Personen:

250 g Bismarckheringe
200 g Kalbfleisch
200 g Kartoffeln
200 g Rote Bete
¼ Sellerieknolle
2 säuerliche Äpfel
4 Gewürzgurken mit Sud
2 Eier, 1 Zwiebel
1 El Kapern
1 El Senf
1 Tl geriebener Meerrettich
20 g Zucker
200 ml Weißwein
30 ml Apfelessig
50 ml Sahne
etwas Margarine
1 kl. Bd. Petersilie
Salz, Pfeffer

Zubereitung:

Das Kalbfleisch würfeln, mit Salz und Pfeffer würzen. Etwas Margarine in einer Pfanne erhitzen, das Fleisch ringsum gut anbraten. Mit dem Weißwein ablöschen, 30 Minuten bei milder Hitze schmoren und anschließend abkühlen lassen. Die Kartoffeln in der Schale garen, pellen, abkühlen lassen und würfeln. Aus 100 ml Kalbfleischsud, Apfelessig, Sahne, Zucker, Meerrettich, Senf, 2-3 El Gurkensud und den Kapern eine Marinade rühren, mit Salz und Pfeffer würzen. Die Zwiebel schälen und fein würfeln, die Äpfel schälen, entkernen und würfeln. Sellerie, Rote Bete und Gewürzgurken ebenfalls würfeln. Die Petersilienblättchen abzupfen und fein hacken. Alles mit der Marinade vermischen, Kartoffeln und Kalbfleisch unterheben. Die Heringe unter kaltem Wasser abspülen, trocken tupfen und würfeln. Unter den Salat heben und diesen zwei Stunden im Kühlschrank durchziehen lassen. Die Eier hart kochen, abkühlen lassen, pellen und mit dem Eierschneider in kleine Würfel schneiden. Nach Ablauf der zwei Stunden den Salat durchmischen und zuletzt vorsichtig die Eier untermengen. Mit Schwarzbrot servieren.

Staatsgewalt und Widerstand – die Hafenstraße

Noch immer schließt der Altonaer Fischmarkt pünktlich vormittags um halb zehn. Weil die Morgensonne über Hamburg strahlt, mache ich mich nun zu Fuß auf den Weg zu den Landungsbrücken, am Elbufer entlang. Bepackt mit Aalen, Bananen und einem bunten Blumenstrauß denke ich darüber nach, wie bunt doch auch das Leben in der Hansestadt ist. Der Kiez und der quirlige Fischmarkt sind nur zwei Facetten eines breit gefächerten Spektrums.

Parallel zu meinem Weg verläuft die viel befahrene Straße St. Pauli Fischmarkt, dann ändert sie ihren Namen in St. Pauli Hafenstraße. Kurz vor den Landungsbrücken zweigt ein Teil dieser Straße nach St. Pauli hin ab. Ich bleibe stehen, stelle meinen Einkaufskorb ab und betrachte die kunterbunten Fassaden der Häuser, die sich dort aneinanderreihen. „kein mensch ist illegal“, prangt es in Riesenlettern an einer Hausseite, und vor den Fenstern ist ein Stoffbanner gespannt. „Deutschland halt‘s Maul!“, steht darauf. Hier ist es also, Deutschlands Symbol des Widerstands gegen die Staatsgewalt.

Hamburg ist tolerant und vielschichtig. Doch prallen hier auch die Extreme aufeinander. Da sind zum einen die sehr konservativen Bürger, für die Recht und Ordnung an erster Stelle rangieren. Sie fanden einst ihr Organ in Ronald Schill, der in den Neunzigerjahren Richter am Amtsgericht Hamburg war und sich aufgrund seiner überzogen harten Urteile in der Boulevardpresse schnell den Titel „Richter Gnadenlos" verdiente. Er sonnte sich in seinem zweifelhaften Ruhm und gründete ganz nach dem Motto „viel Feind, viel Ehr'" im Jahr 2000 die „Partei Rechtsstaatlicher Offensive", die schon bald darauf nur noch „Schill-Partei" genannt wurde.

Trotz kruden Parteiprogramms, das beispielsweise Kastrationen für Sexualstraftäter oder strafrechtliche Konsequenzen für Eltern von straffällig gewordenen Kindern vorsah, erhielt seine Partei auf Anhieb 19,1 Prozent der Wählerstimmen – auch dank einsatzfreudiger Unterstützung durch die Bild-Zeitung. Der rechtspopulistische Verbal-Haudegen wurde Innensenator und Zweiter Bürgermeister von Hamburg. In dieser Funktion benahm er sich ordentlich daneben, unter anderem, als er im Bundestag gegen die Einwanderungspolitik wetterte und es dabei so übertrieb, dass ihm am Ende das Mikrofon abgestellt werden musste. Dann kam heraus, dass er Kokain konsumierte, seine Bigotterie wurde schließlich unerträglich, und er setzte sich nach Brasilien ab.

Die Geschichte des Ronald Schill zeigt, dass es in Hamburg ein beachtliches Quantum von Sympathisanten des rechten politischen Flügels gibt. Der Hang zum wütenden Durchsetzen von dem, was man an mancher Stelle für Recht und Ordnung hält, hatte sich schon im Juni 1986 deutlich gezeigt, als es im sogenannten „Hamburger Kessel" zu einem Polizeieinsatz kam, der damals ganz Westdeutschland in Aufruhr versetzte. Auf dem Heiligengeistfeld, dem Veranstaltungsgelände in St. Pauli, wo das Volksfest Hamburger Dom stattfindet, hatten sich zahlreiche Menschen versammelt, um gegen das gerade fertiggestellte Kernkraftwerk Brokdorf zu demonstrieren, das rund 65 Kilometer elbabwärts von der Hansestadt entfernt liegt. Kurz nach Mittag wurden 861 Demonstranten von Einsatzkräften der Polizei umringt und bis zu 14 Stunden lang in einem engen Kreis festgehalten, stehend, ohne Verpflegung, ohne die Möglichkeit, zur Toilette zu gehen, und vor allem ohne Rechtsgrundlage.

Dieser Verstoß gegen das Grundrecht der Versammlungsfreiheit wurde vom Verwaltungsgericht Hamburg für rechtswidrig erklärt, die Betroffenen erhielten Schadensersatz, vier Polizeidirektoren wurden wegen Freiheitsberaubung zu Geldstrafen verurteilt. Da halfen auch die Argumente der politisch Verantwortlichen nicht, die darauf abzielten, bei den eingekesselten Demonstranten habe es sich um Sympathisanten der RAF, Autonome und „Leute aus der Hafenstraße“ gehandelt.

Was mag aus ihnen geworden sein, den Leuten aus der Hafenstraße? Ich betrachte die hübsch herausgeputzten, farbenfrohen Fassaden der Wohnhäuser, die kaum noch etwas mit den heruntergekommenen und beschmierten Häusern auf den Bildern aus den Achtzigerjahren zu tun haben. Lediglich die Banner vor manchen Fenstern zeugen davon, dass der Protest in der Hafenstraße lebendig geblieben ist. Doch von den fast bürgerkriegsähnlichen Zuständen, die hier einst herrschten, ist nichts mehr zu spüren. Die Häuser scheinen vielmehr ein Paradebeispiel für bevorzugtes Wohnen zu sein, Sahnestückchen direkt am Elbufer mit unverbaubarem Blick auf den Hamburger Hafen in seiner ganzen Pracht.

Noch Anfang der Achtzigerjahre sah es hier ganz anders aus. Die um 1900 herum gebauten Gründerzeithäuser gehörten der städtischen Wohnungsgesellschaft Saga. Jahrelang hatte man sich nicht um sie gekümmert, der Sanierungsstau war massiv. Mieter zogen aus, neue Mieter für die maroden Bruchbuden fanden sich nicht, etliche Wohnungen standen leer. Ein Gutachten konstatierte die Unbewohnbarkeit der Häuser und empfahl den Abriss als Maßnahme der Wahl. Im Anschluss daran könnten die Grundstücke in dieser vorzüglichen Lage einer äußerst profitablen Weiternutzung zugeführt werden. Von 22-stöckigen Neubauten war die Rede, einer Perlenkette mit Luxuswohnungen oder vielleicht einem neuen Firmensitz für den Verlag Gruner + Jahr.

Die Stimmung unter der protestbewegten Jugend jener Jahre war derartig gewinnmaximierendem Denken konträr entgegengesetzt. Außerdem lautete das Motto „Anarchie ist machbar, Frau Nachbar". So kam es, dass 1981 nach einer Silvesterparty in leerstehenden Wohnungen an der Hafenstraße ein paar junge Leute einfach blieben. Zunächst fiel das gar nicht weiter auf. Sie solidarisierten sich mit den wenigen verbliebenen Alteingesessenen wie Oma Jäger und Onkel Otto, nach dem hier später eine Kneipe benannt wurde, und gemeinsam erkannten sie eine Möglichkeit, um den Baulöwen Einhalt zu gebieten: Man müsste die Häuser besetzen! Dank Mundpropaganda waren die Häuser an der Hafenstraße schon wenige Wochen später vollständig bewohnt. Vor den Fassaden wehte jetzt ein Transparent mit der Aufschrift „Besetzt – ein Wohnhaus ist kein Abrisshaus!"

Anarchie hin, Anarchie her, die neuen Bewohner suchten trotz allem einen Weg in die Legalität und bemühten sich um Mietverträge. Die Saga lehnte ab, unternahm aber vorerst nichts, weil die Bürgerschaftswahl bevorstand und der damalige Bürgermeister Klaus von Dohnanyi so kurz davor jeden Aufruhr vermeiden wollte.

Erst nach der Wahl schlug die Saga zu. Die Wohnungen wurden gewaltsam geräumt, die Eingänge zugemauert. Das ließen die Hausbesetzer nicht auf sich sitzen und mauerten ihrerseits den Eingang des Verwaltungsgebäudes der Saga zu. Die Fronten waren aufgewühlt, aber noch nicht verhärtet.

Man setzte sich zusammen, und tatsächlich machte die Saga rund 200.000 D-Mark für dringend erforderliche Reparaturen locker, um die Häuser zunächst einmal winterfest zu machen. Die Bewohner nannten sich jetzt „Instandbesetzer" und begaben sich an die Arbeit. Es kehrte ein Burgfriede ein, doch der hielt nicht lange.

Denn schon bald darauf erfolgten Hausdurchsuchungen und Festnahmen. Angeblich waren die Gelder der Saga nicht zielführend eingesetzt worden. Die Stimmung spitzte sich zu, doch in der sich daraus ergebenden unüberschaubaren Lage kamen immerhin befristete Mietverträge mit monatlicher Kündigungsfrist zustande. Trotzdem blieb die Rechtsunsicherheit bestehen. Es folgte ein chaotischer Kreislauf aus Kündigungen, Stromkappungen und Zwangsräumungen. Türen wurden zugemauert und wieder aufgebrochen. Immer wieder stürmten Hundertschaften der Polizei die Häuser, in denen sie eine Keimzelle des autonomen Widerstands und des Terrorismus witterten. Über Jahre zogen sich diese Auseinandersetzungen hin, Solidaritätskundgebungen mobilisierten tausende von Teilnehmern und endeten oft mit Gewalt und Ausschreitungen. Ein von der Stadt beauftragtes Abrissunternehmen hielt sich während der ganzen Jahre in ständiger Bereitschaft. Die Bewohner rüsteten sich derweil zur Verteidigung der Häuser, immer mehr Unterstützer zogen ein. Die Hafenstraße glich mehr und mehr einer trutzigen Burgfestung.

Schließlich schien kein Ausweg mehr in Sicht. Alle Verhandlungen zwischen Stadt und Besetzern waren gescheitert. 5.000 bis an die Zähne bewaffnete Polizisten wurden zur endgültigen Räumung der Hafenstraße zusammengetrommelt. Die autonomen Unterstützer der Besetzer sägten Straßenlaternen um und errichteten binnen Minuten meterhohe Barrikaden um die Häuser. Die Eingangstüren wurden durch

Stahltüren ersetzt und diese zugeschweißt, die Treppenhäuser versperrt, die Fenster im Erdgeschoss mit Brettern zugenagelt, die Dächer mit Natodraht gesichert. Es herrschte endgültig Krieg in der Hafenstraße!

In dieser Situation behielt Klaus von Dohnanyi die Nerven. Gegen die Entscheidung der Bürgerschaft weigerte er sich, den endgültigen Räumungsbefehl zu erteilen. Vielmehr machte er den Besetzern ein Angebot. Würden sie innerhalb einer bestimmten Frist die Barrikaden entfernen, so gäbe es keine Räumung. Darauf verpfände er sein Amt. Die Besetzer schlugen ein. Der Krieg war vorbei, ein Kampf hatte gar nicht erst stattgefunden.

Es dauerte noch viele Jahre, bis die Verhältnisse endgültig geklärt werden konnten. Schließlich gründeten die ehemaligen Besetzer eine Genossenschaft und kauften 1995 die Häuser von der Saga. Es erfolgte eine gründliche Sanierung. Das Klima am Elbufer ist seitdem ruhiger geworden. Dennoch kommt es immer wieder zu Provokationen zwischen Bewohnern der Hafenstraße und den Hamburger Behörden, vornehmlich der Polizei. Die Hafensträßler sind gemäßigter geworden, aber noch immer politisch aktiv.

Die Parolen an den Fassaden zeugen vom Stimmungswandel. Stand hier früher noch „Kriminelle aller Länder vereinigt euch“ zu lesen, so engagiert man sich inzwischen für die friedliche Veränderung der Gesellschaft. Viele der Bewohner, von denen die meisten die wilden Jahre der Hausbesetzung nur noch aus Erzählungen kennen, haben heute Flüchtlinge bei sich aufgenommen. So ist die Hafenstraße nicht mehr länger nur ein Symbol des Widerstands, sondern auch ein Symbol der menschlichen Solidarität.

Zufrieden greife ich meinen Einkaufskorb und setze meinen Weg in Richtung Landungsbrücken fort.

Ochsenschwanzsuppe

Zutaten für 4 Personen:

1500 g Ochsenschwanz
400 g Kartoffeln
2 Zwiebeln
2 Möhren
1 Porree
¼ Sellerie
2 Petersilienwurzeln
2 Knoblauchzehen
40 g Tomatenmark
150 ml Madeira
80 g Butter
40 g Mehl
1 Lorbeerblatt
Paprikapulver
Salz
Pfeffer

Zubereitung:

Die Ochsenschwanzstücke waschen, trocken tupfen und in ca. 5 cm lange Stücke schneiden. Die Zwiebeln schälen und würfeln, Knoblauch schälen und fein hacken.

Die Butter in einem großen Topf auslassen und die Ochsenschwanzstücke mit Zwiebeln und Knoblauch ringsum scharf anbraten. Mit dem Mehl bestäuben, das Tomatenmark unterrühren und kurz weiterbraten, mit 1½ l Wasser ablöschen, salzen, pfeffern und mit Paprika würzen. Das Lorbeerblatt hinzugeben und alles bei geringer Hitze 2 Stunden lang köcheln lassen.

Dann die Ochsenschwanzstücke herausnehmen und das Fleisch von den Knochen lösen. Porree, Möhren, Petersilienwurzeln und Sellerie putzen, Kartoffeln schälen, alles klein würfeln und zusammen mit dem Fleisch und dem Madeira-Likörwein zur Suppe geben. Aufkochen und 30 Minuten lang köcheln lassen.

Mit Graubrot servieren.

Die Ochsenschwanzsuppe ist eine Erfindung aus Hamburg.

Hamburg von unten – der alte Elbtunnel

Das Wort „Fremdenführer" empfand meine Leserin Beate als ziemlich abweisend. Was sie wohl dazu sagen wird, wenn ich ihr erzähle, dass es in Hamburg bis in die Dreißigerjahre des letzten Jahrhunderts hinein eine Tageszeitung mit dem Namen „Hamburger Fremdenblatt" gegeben hat? Diese Zeitung galt als äußerst liberal und genoss einen ausgezeichneten Ruf, zumindest bis die Nazis sie 1936 enteigneten und mit zwei anderen Blättern zu einem Propagandamedium zusammenführten. Das war auch der Grund, warum eine Neuauflage des Hamburger Fremdenblatts nach dem Krieg von den britischen Besatzern verboten wurde.

„Fremdenblatt" nannte sich die Zeitung, weil sie ursprünglich die Liste der in Hamburg eintreffenden Fremden veröffentlichte, und zwar schon seit 1828. Man stelle sich so etwas in der heutigen Zeit vor, wo Hamburgs Beherbergungsbetriebe jährlich allein mehr als 14 Millionen Übernachtungen verzeichnen – wobei Tagestouristen natürlich gar nicht mitgezählt sind – und wo man schon lange nicht mehr von „Fremden", sondern längst von „Gästen" spricht.

Im Mai 1911 kommentierte besagtes Hamburger Fremdenblatt, die Stadt würde „mit lauter Sprache reden, wie die moderne Technik zu Lande, zu Wasser und unter dem Wasser die an sie herantretenden Aufgaben überwindet". Der etwas sperrig und umständlich formulierte Satz verrät doch zwischen den Zeilen, worum es dabei ging: um nichts Geringeres als eine Weltsensation!

Haben Sie auch schon einmal zwischen Othmarschen und Waltershof auf der A7 im Stau gestanden? Hier befindet sich der berüchtigte Elbtunnel, mit 3.315 Metern Gesamtlänge einer der längsten Unterwasserstraßentunnel der Welt. Straßentunnel, wohlgemerkt, denn es gibt deutlich längere Eisenbahntunnel. Zum Beispiel den knapp 54 Kilometer langen japanischen Seikan-Tunnel, von dem 23,3 Kilometer unter dem Meer verlaufen, oder den gut 50 Kilometer langen Eurotunnel unter der Straße von Dover. Warum man auf solch langen Tunnelstrecken keinen Individualverkehr zulässt, wird schnell klar, wenn man regelmäßig den norddeutschen Verkehrsfunk hört. Am Elbtunnel staut sich der Verkehr mit unschöner Regelmäßigkeit, und das, obwohl es vier Röhren gibt und der Verkehr prinzipiell nicht schlechter fließen sollte als auf offener Strecke. So ist denn auch das hohe Verkehrsaufkommen nicht allein der Grund für die Staubildung. Vielmehr spielen hierbei psychologische Faktoren zusätzlich eine Rolle. Manche Autofahrer werden vom Tunnelsyndrom befallen, erleiden Beklemmungen und fahren deshalb zu langsam. „Fliesenzähler" nennt man diese Bummler in Hamburg, denn die drei älteren Röhren des Tunnels sind gekachelt.

Man könnte die Elbe hier also weitaus schneller unterqueren, als es meistens geschieht. Doch selbst im Stau kommt man in der Regel noch schneller voran, als es bis 1911 der Fall gewesen ist. Damals gab es für die Berufstätigen, die von den städtischen Wohngebieten aus ihre Arbeitsplätze im Hafen erreichen wollten, nur die Möglichkeit, mit der Fähre überzusetzen.

Der Hafen war in den Vorjahren stark gewachsen, auf der gegenüberliegenden Elbseite existierten jetzt große Werften. Mehr als 40.000 Arbeiter mussten zweimal täglich die Elbe überqueren. Das konnte der Fährbetrieb HADAG kaum noch bewältigen, und bei schlechter Wetterlage, bei Nebel und Eisgang schon gar nicht. Dann kam der Fährbetrieb häufig ganz zum Erliegen, in den Werften und am Hafen stand die Arbeit still. Bei normalem Betrieb hingegen behinderten die ständig hin- und herpendelnden Fähren den Schiffsverkehr, und die Arbeiter, die kaum genug für ihren Lebensunterhalt verdienten, beklagten sich über die hohen Fahrpreise.

Was konnte man da tun? Die Hamburger Senatoren zerbrachen sich ihre Köpfe. Eine Schwebefähre? Eine schwenkbare Brücke? Beides würde den Schiffsverkehr nur noch zusätzlich behindern. Eine feste Hochbrücke? Die müsste mehr als 50 Meter hoch werden, um die Schiffe ungehindert passieren zu lassen, und das wäre viel zu teuer. So entschied man sich, einen völlig neuen Weg einzuschlagen: unter dem Wasser hindurch! Ein Vorbild für ein solch gewagtes Unterfangen gab es schon seit 1895 im schottischen Glasgow, damit war bewiesen worden, dass es funktionierte.

1907 begann der Bau des Elbtunnels von St. Pauli, und als er bereits vier Jahre später vollendet wurde, war Hamburg um eine technische Sensation reicher geworden. Die Welt zog den Hut, kein Wunder, dass auch das Hamburger Fremdenblatt den Tunnelbauingenieuren Respekt zollte.

Auf meinem Weg zu den Landungsbrücken habe ich inzwischen den Eingang des Jahrhundertbaus erreicht. Die imposante Eingangshalle ist aus Tuffstein gebaut und erinnert an einen altrömischen Rundbau, ganz so, als hätten die Baumeister der Technik ehrfurchtsvoll einen Tempel errichtet. Über zwei offene Treppen mit je 132 Stufen geht es hinab zu den beiden Tunnelröhren, außerdem gibt es zwei Personenfahrstühle. Aber weitaus faszinierender sind die vier hydraulisch betriebenen Fahrkabinen der gigantischen offenen Stahlkonstruktion des Aufzugs. In den St. Pauli-Elbtunnel führt nämlich keine Rampe, alle Fahrzeuge werden per Aufzug hinab- und wieder heraufbefördert. Die beiden größten der Fahrzeug-Aufzüge sind knapp zehn Meter lang und können zehn Tonnen tragen. Sie sind eine beeindruckende Kraftdemonstration der Technik.

Doch die eigentliche Meisterleistung ist der Tunnel selbst. Auf 426,5 Metern Länge führt er unter der Elbe hindurch bis nach Steinwerder auf der anderen Seite. 4.400 Arbeiter haben sich vier Jahre lang durch den feuchten Boden unter der Elbe vorangewühlt und zwei Röhren von je sechs Metern Durchmesser geschaffen. Die nötige Tunnelhöhe hatte man ermittelt, indem man ein Pferdefuhrwerk mit aufgestellter Peitsche ausgemessen hatte. Das sollte nämlich bequem hindurch passen.

Ein damals hochmoderner hydraulisch betriebener Bohrschild unterstützte die Arbeiter bei ihrer Schufterei, die fertigen Röhrenabschnitte wurden mit ringförmig zusammengeschweißten Stahlelementen gesichert. Künstlich erzeugter Überdruck verhinderte das Eindringen von Wasser in die Röhre. Das allerdings war für alle am Bau beteiligten Menschen ziemlich gefährlich. 700 Arbeiter erkrankten deswegen, drei davon starben sogar. Durch erhöhten Druck entsteht nämlich die Taucherkrankheit, aber darüber wusste man damals noch nicht viel.

Mit der Eröffnung des Elbtunnels veränderte sich das Leben in Hamburg schlagartig. Die Benutzung war für Fußgänger kostenlos, das hatten die Sozialdemokraten durchgesetzt. Ihr Argument lautete, dass die Instandhaltung der Reitwege für die Bourgeoisie ja schließlich auch gratis sei, und dem konnte kaum etwas entgegengesetzt werden. Nur für Personenwagen, Gespanne, Droschken, Reitpferde und mitgeführte Hunde musste eine Gebühr entrichtet werden.

Es entstand eine wahre Völkerwanderung unter der Elbe hindurch. Bis zu 19 Millionen Menschen durchquerten den Tunnel pro Jahr. Die Stadt hatte sich nicht lumpen lassen und ihnen keineswegs nur eine düstere Röhre hingesetzt. Ganz im Gegenteil war der Elbtunnel ausgesprochen aufwendig gestaltet worden. Der klassizistische Kuppelbau in St. Pauli mit seinen hohen Fenstern ist nur der Einstieg in eine prächtig gestaltete Unterwelt, komplett gefliest und mit zahlreichen Reliefs verziert. Technische Meisterleistung und architektonische Schönheit sollten hier ganz bewusst zu einem Gesamtkunstwerk verschmolzen werden.

Aber mit wachsendem Verkehrsaufkommen wurde der alte Tunnel zunehmend uninteressant. Das Verladen der einzelnen PKWs in die Aufzüge dauert viel zu lange, die schmalen Röhren erlauben kein zügiges Vorankommen. Spätestens seit der neue Elbtunnel 1974 seinen Betrieb aufnahm, gehörte der St. Pauli-Elbtunnel zum alten Eisen. Zur gleichen Zeit begann die große Krise der Werften, und durch den zunehmenden Einsatz von Containern benötigte man auch beim Warenumschlag immer weniger Arbeitskräfte. Massen von Arbeitsplätzen gingen verloren, und immer weniger Menschen benötigten die Passage nach Steinwerder.

Die Schiffe wurden größer, und damit wuchs auch ihr Tiefgang. Diese modernen Schiffe können den elbaufwärts gelegenen Hafenbereich wegen des Tunnels nicht erreichen, die Tiefe der Fahrrinne reicht für sie nicht aus. Deshalb wurde der Waltershofer Containerhafen auf der südlichen Elbseite ausgebaut, eine neun Quadratkilometer große Fläche, beherrscht von gigantischen Kränen, Industrieanlagen und Containerterminals. Obwohl Waltershof mitten im Stadtgebiet liegt, hat der Ortsteil nur ganze fünf Einwohner.

Die Zeiten haben sich also geändert, aber das ist kein Grund, den alten Elbtunnel aufzugeben. 2003 hat man ihn unter Denkmalschutz gestellt. Denn er ist nicht nur ein wichtiges Stück Hamburger Stadtgeschichte und eine faszinierende Sehenswürdigkeit. Noch immer dient er rund um die Uhr als Verkehrsweg für Radfahrer und Fußgänger, zu festgelegten Zeiten sogar noch für Autos, wobei diese nur eine bestimmte Spurweite haben dürfen. Außerdem sollen nie mehr als fünf PKWs gleichzeitig in einer der engen Röhren sein. Die Durchfahrt kostet bescheidene zwei Euro. Zurzeit ist die Durchfahrt noch gesperrt, denn kürzlich wurde der alte Elbtunnel mit großem Aufwand originalgetreu restauriert. Mit ihm hat Hamburg heute ein weltweit einmaliges technisches Baudenkmal. Das Vorbild in Glasgow ist nämlich schon 1980 stillgelegt worden.

Unten im Elbtunnel herrscht eine ganz andere Geschwindigkeit als oben auf den betriebsamen Straßen der Hansestadt. Der Tunnel verlangsamt das Leben und führt zurück in eine Vergangenheit, in der „schnell“ noch eine ganz andere Bedeutung hatte als heute.

Hamburger Braune Kuchen

Zutaten:

500 g Weizenmehl
500 g dunkler Zuckerrübensirup
100 g Butter
60 g Schweineschmalz
1 Tl Natron
150 g gemahlene Mandeln
die dünn abgeriebene Schale von 2 unbehandelten Zitronen und 1 Orange
1 Tl gemahlener Zimt
1 Tl Kardamom
1 Tl Salz
1 Vanilleschote
2 g Pottasche
1 Tl Nelkenpulver
50 ml Rosenwasser

Zubereitung:

Zuckerrübensirup, Rosenwasser, Zitronen-, Orangenschale, das Mark der Vanilleschote, Butter und Schmalz in einen Topf geben und unter Rühren erwärmen. Alle anderen Zutaten in einer Schüssel vermischen.

Die Sirupmischung dazugeben und zunächst mit dem Handmixer durchmischen (Knethaken verwenden). Danach die Hände nehmen und den Teig kräftig kneten, bis er geschmeidig ist. Zur Kugel formen, in Frischhaltefolie wickeln und 1 Tag bei Zimmertemperatur durchziehen lassen. Dann ca. 2 mm dünn ausrollen und in Rechtecke schneiden. Ein Backblech mit Backpapier auslegen, die Teigstücke darauflegen. Den Backofen auf 180°C vorheizen und die Braunen Kuchen ca. 8–10 Minuten lang backen, bis die Ränder braun werden. Nicht zu dunkel werden lassen. Sofort zum Abkühlen auf einen Rost legen. Wenn sie vollständig abgekühlt sind, bewahrt man sie in einer gut verschließbaren Blechdose auf. Beim Abkühlen härten sie aus, werden aber während der Aufbewahrungszeit wieder weicher. Nach etwa vier Wochen haben sie die richtige Konsistenz.

Der Spiegel ist ein gutes Blatt – les' ich jeden Samstag!

Die Wiederauferstehung des Hamburger Fremdenblatts nach dem Zweiten Weltkrieg wurde von der britischen Besatzungsmacht verhindert. Zu groß war die Befürchtung, mit der Zeitung auch einen braunen Bodensatz zu neuem Leben zu erwecken. Dennoch wussten die Briten, dass die Deutschen qualitativ hochwertigen Journalismus brauchten, um durch umfassende Informationen zu einem besseren Verständnis des Weltgeschehens und damit zu einer fundierten eigenen Meinung zu kommen. Um diese Aufgabe zu erfüllen, musste die Presse vor allen Dingen unabhängig von politischer Unterwanderung sein. Eine heikle Aufgabe in einem Land, das noch vor kürzester Zeit von Faschisten beherrscht worden war.

Drei britische Presseoffiziere nahmen die Angelegenheit in der britischen Besatzungszone selbst in die Hand und gaben 1946 in Hannover eine Wochenzeitschrift heraus. Ihr Ziel war hochgesteckt, denn als Vorbild für ihr Blatt hatten sie sich das renommierte amerikanische Time-Magazin auserkoren. Sie nannten ihre Zeitschrift „Diese Woche" und machten sich auf die Suche nach fähigen deutschen Journalisten, die sie bei ihrem Projekt unterstützen sollten. Jung, engagiert und politisch unvorbelastet sollten diese sein, und die Briten bewiesen ein geradezu phänomenales Gespür für den richtigen Mann.

Sie heuerten Rudolf Augstein an, damals erst Anfang 20 und Redakteur beim Neuen Hannoverschen Kurier, dem Nachrichtenblatt der Alliierten Militärregierung in Hannover. Dass die Sache trotzdem schiefging, lag daran, dass die britischen Herausgeber von „Diese Woche“ es mit der Pressefreiheit ein bisschen zu ernst nahmen, zumindest in den Augen des britischen Außenministeriums. Sie scheuten sich nämlich nicht, die Besatzungsmächte in Deutschland freiheraus zu tadeln. Kritik aus den eigenen Reihen war jedoch nicht gerade das, was die britische Militärverwaltung sich gewünscht hatte, und so kam für „Diese Woche“ nach nur sechs Ausgaben schon wieder das Aus.

Doch einer der drei britischen Presseoffiziere hatte sich in der kurzen Zeit mit dem jungen Augstein angefreundet. Augstein zeigte sich als eloquent, scharfsinnig, spitzzüngig und ambitioniert, er verdiente eine Chance, die vielversprechender wäre als ein provinzielles Nachrichtenblatt aus Hannover. Deshalb setzte sich der Brite so lange für Augstein ein, bis die Verantwortlichen bei den britischen Behörden mürbe wurden und Augstein die Lizenz zur eigenständigen Herausgabe eines wöchentlich erscheinenden Nachrichtenmagazins erteilten. Augstein tat sich mit einem Fotografen und einem weiteren Redakteur zusammen und begann, Geschichte zu schreiben.

Im Januar 1947 erschien die erste Ausgabe seiner neuen Wochenzeitschrift, und ihr Name wurde Programm: „Der Spiegel“ hält seit jenen Tagen unermüdlich der deutschen Gesellschaft und dem Rest der Welt den Spiegel vor die Nase. Und wenn auch heute jeder den Spiegel sofort mit Hamburg in Verbindung bringt, so sollte es doch bis 1952 dauern, bis das Magazin von Hannover in die Hansestadt umzog. Das Pressehaus am Speersort wurde seine neue Heimat, und alle hohen Wellen, die der Spiegel fortan schlug, sollten von Hamburg aus über die Republik schwappen. Ganz in der Tradition der drei britischen Presseoffiziere hatte sich Augstein einem hohen Ziel verschrieben: kein Blatt vor den Mund zu nehmen, egal, wem er dabei auf die Füße treten würde.

Schon vor dem Umzug nach Hamburg hatte der Spiegel mit dieser Haltung für den ersten Skandal in der jungen BRD gesorgt. Anlässlich deren Gründung 1949 wurde ein Ort für den Regierungssitz gesucht. Wegen des Viermächtestatus kam die ehemalige Reichshauptstadt Berlin dafür nicht infrage, also musste eine andere Stadt auf dem Gebiet Westdeutschlands auserkoren werden. Es bewarben sich Frankfurt, Kassel, Stuttgart und Bonn, die Entscheidung fiel nach langem Hin und Her für die Kleinstadt am Rhein.

Hierbei seien Bestechungsgelder geflossen, konstatierte der Spiegel, die Summe von insgesamt zwei Millionen D-Mark sei an rund 100 Abgeordnete verteilt worden, um diese zur Stimmabgabe für Bonn zu motivieren. Zum ersten Mal erregte der Spiegel bundesweit großes Aufsehen, ein Untersuchungsausschuss wurde einberufen, und tatsächlich zeigte sich, dass die Korruptionsvorwürfe berechtigt gewesen waren. An der Entscheidung für Bonn änderte das allerdings letztendlich nichts.

Seine Vorreiterrolle auf dem deutschen Printmedienmarkt unterstrich der Spiegel 1955, als er erstmals mit farbigem Titelbild erschien. Das – heute kaum noch vorstellbar – stellte damals eine wirkliche Sensation dar.

Dann, sieben Jahre später, rückte die noch relativ junge Zeitschrift endgültig ins Rampenlicht der deutschen Öffentlichkeit. Die „Spiegel-Affäre“ rüttelte die gesamte Republik auf und sorgte für einen orkanartigen Sturm. Der Kalte Krieg war auf seinem Höhepunkt angelangt, denn die Sowjetunion hatte soeben Mittelstreckenraketen auf Kuba stationiert und direkt auf die USA ausgerichtet. Deren Präsident John F. Kennedy fletschte die Zähne und drohte mit dem Einsatz von Atomwaffen. Mitten in der Kubakrise titelte der Spiegel „Bedingt abwehrbereit“ und führte im zugehörigen Artikel aus, dass Deutschland im Fall eines sowjetischen Atomschlags quasi als Bauernopfer auf der Strecke bleiben würde. Die Bundeswehr, so der Spiegel weiter, sei wegen mangelhafter Ausstattung außerdem auch nicht zur Abwehr der Truppen des Warschauer Paktes auf konventionellem Wege imstande.

Verteidigungsminister Franz Josef Strauß (CSU) tobte. Der erzkonservative Bayer stand ohnehin mit dem linksliberalen Spiegel auf Kriegsfuß, er sprach von „publizistischem Terror“. Jeder Vorwand, um die Hamburger endlich mundtot zu machen, kam ihm nur recht. Augstein wiederum sah im Populisten Strauß eine Gefahr für Deutschland und hatte keine Gelegenheit ausgelassen, Skandale um dessen Person aufzudecken. Immer wieder hatte Strauß erfolglos gegen Augstein prozessiert, nun schien seine große Stunde der Rache endlich gekommen zu sein.

Mit dem Vorwurf, geheime Informationen von der Bundeswehr gekauft, veröffentlicht und damit Landesverrat begangen zu haben, wurde im Oktober 1962 die Spiegel-Redaktion geschlossen, Rudolf Augstein und die verantwortlichen Redakteure wurden verhaftet, Wohnungen und Redaktion durchsucht, Räume versiegelt, Dokumente beschlagnahmt, sämtliche Schreibmaschinen rigoros konfisziert.

Diese totalitär anmutende Vorgehensweise löste eine Welle der Empörung aus. Erinnerungen an die Gleichschaltung der Presse unter der Naziherrschaft wurden wach, und schnell formierte sich Unterstützung für den Spiegel. Selbst politische Gegner unter den anderen Presseorganen Deutschlands reichten dem Spiegel die Hand, darunter der Springer-Verlag, der dem rechtskonservativen Lager zuzuordnen war und in scharfer Opposition zum Spiegel stand. Die Konkurrenz von Zeit, Stern, Constanze und Hamburger Morgenpost stellte dem Spiegel Druckmaschinen und Redaktionsräume zur Verfügung, um dessen pünktliches Weitererscheinen sicherzustellen. Augstein erklärte später, dass der Spiegel die Krise ohne diese unbürokratische Hilfe nicht überlebt hätte.

Doch nicht nur Zeitungen und Verlage halfen dem Spiegel. Überall in Deutschland regten sich entschiedener Protest und die lautstarke Forderung nach Erhalt der Pressefreiheit. „Spiegel tot – Freiheit tot" hieß die Parole der Demonstranten, es war das erste Mal, dass politischer Protest weite Teile der Bevölkerung Westdeutschlands mobilisierte. Mit Erfolg, nach vierwöchiger Sperre wurden die Redaktionsräume des Spiegel wieder freigegeben und die Inhaftierten entlassen, Augstein allerdings erst nach 103 Tagen Untersuchungshaft. Es folgte eine Regierungskrise, in deren Folge Strauß als Verteidigungsminister zurücktreten musste. Der Spiegel erlebte dank der Affäre eine beachtliche Steigerung seiner Auflage. Doch die Feindschaft zwischen Strauß und Augstein war jetzt fest zementiert und blieb bestehen, die abgrundtiefe Aversion zwischen den beiden Titanen polarisierte fortan die politische Stimmung in der BRD der Sechziger-, Siebziger- und Achtzigerjahre.

1969 bezog der Spiegel sein neues Gebäude an der Hamburger Brandstwiete. Mittlerweile hatte er seine Vorreiterposition auf dem deutschen Printmedienmarkt fest etabliert, ein vergleichbares Blatt gab es nicht. Der Spiegel galt als modern, fortschrittlich und ganz nah am Atemhauch des Zeitgeistes. Eine avantgardistische Innenausstattung des Redaktionsgebäudes sollte diese Philosophie allen Mitarbeitern stets deutlich vor Augen führen. Dafür gewann man den dänischen Designer

Verner Panton, und der gestaltete futuristische Räumlichkeiten in satten Farben und auffallenden Formen. Besonders legendär geriet die psychedelische Kantine, die auch prima ins Raumschiff Enterprise gepasst hätte. Sie ist eine Orgie aus leuchtenden Kreisen und dreidimensionalen Installationen in Orange, Rot und Lila. Bei ihrem Anblick fragt man sich unwillkürlich, wie die Redakteure inmitten dieses knalligen Farbenrauschs noch klar denken konnten.

Das fragten sich die Redakteure der späteren Generationen wohl auch, und so verschwand die Sechzigerjahreparade des Dänen mit den Jahren Stück für Stück aus dem Redaktionsgebäude. Nur die Kantine blieb erhalten, sie wurde sogar unter Denkmalschutz gestellt und 2011 im Zuge des Umzugs des Spiegel in sein neues Gebäude in der HafenCity dem Hamburger Museum für Kunst und Gewerbe geschenkt. Hier kann nun jedermann in die verrückte Rauminstallation eintauchen und sich vom journalistischen Lebensgefühl vergangener Tage berauschen lassen.

Die Redakteure spitzen ihre Stifte nun im zeitgemäßen Neubau auf der Ericusspitze. Ich habe das Gebäude einmal anlässlich einer Leserrunde besucht, es empfängt seine Gäste mit einer Atrium-Halle, die so hoch und ehrfurchtgebietend ist, dass man sich angesichts der medialen Macht gebührend klein und unbedeutend fühlt. Hier hat die ganze Spiegel-Gruppe Platz gefunden, zu der Nachrichtenseite spiegel.de, Spiegel TV und anderen Printerzeugnissen der Marke Spiegel auch das Manager Magazin und der Harvard Business Manager gehören.

Die Mitarbeiter des Spiegel sind über eine Kommanditgesellschaft am Verlag und seinem Gewinn beteiligt. Mehr als 1.000 Vollzeitbeschäftigte arbeiten für die Spiegel-Gruppe, allein das Team der Dokumentare umfasst rund 100 Mitarbeiter. Deren Aufgabe ist es, die Artikel auf ihren Wahrheitsgehalt zu überprüfen, was in der Vergangenheit auch schon mal missglückt ist, wie der Skandal um die Fälschungen des Journalisten Relotius im Jahr 2018 zeigte.

Sein politischer Einfluss hat den Spiegel inzwischen zum deutschen Leitmedium erhoben. „Im Zweifelsfall links", so markierte Augstein die politische Ausrichtung seines Lebenswerks, und auch, dass Gründer Helmut Markwort den seit 1993 in Konkurrenz zum Spiegel erscheinenden Focus erklärtermaßen „im Zweifel rechts" eingeordnet sehen wollte, konnte der Führungsposition des Spiegel nichts anhaben. Alle Turbulenzen der Jahrzehnte, aller Ärger der Politiker und Wirtschaftsbosse, die sich mit kritischem Journalismus konfrontiert sahen, konnten daran nichts ändern

Franz Josef Strauß sagte über die Spiegel-Redakteure: „Sie sind die Gestapo im Deutschland unserer Tage", Willy Brandt beschimpfte den Spiegel als „Scheißblatt", die DDR wies Spiegel-Redakteure aus, doch Erich Honecker gab trotzdem unumwunden zu: „Der Spiegel ist ein gutes Blatt. Les' ich jeden Montag."*

**Montag? Samstag? Sie wissen es vermutlich: Seit Januar 2015 erscheint der Spiegel samstags. Ab 1966 hatte der druckfrische Spiegel bisher als feste Institution des Montags gegolten: „Montag ist Spiegel-Tag", hieß es fast 50 Jahre lang. Zuvor war er mittwochs erschienen, noch davor am Donnerstag und ganz zu Beginn am Samstag, womit der Kreis sich schließt. Nur drei Wochentage bleiben Spiegel-Stiefkinder, aber was nicht ist, kann ja noch werden.*

Plume un Klüten

Zutaten für 4 Personen:

250 g getrocknetes Mischobst
300 g Backpflaumen
600 g Kassler-Bauchfleisch
600 g Kartoffeln
100 g Mehl
2 Eier
1 Tl gemahlener Zimt
Pfeffer
Salz

Zubereitung:

Die Backpflaumen und das Mischobst in 1,5 Litern lauwarmem Wasser einweichen und über Nacht abgedeckt stehenlassen. Am nächsten Tag das Kassler in einem Topf gerade eben mit Wasser bedecken, aufkochen und dann 30 Minuten lang köcheln lassen. Anschließend die Backpflaumen und das Mischobst mitsamt dem Einweichwasser hinzugeben, salzen, pfeffern und das Ganze weitere 30 Minuten lang köcheln lassen. Danach das Fleisch herausnehmen und in Würfel schneiden, die Suppe bei schwacher Hitze weiterköcheln lassen.

Die Kartoffeln schälen und in Salzwasser garen. Dann durch eine Presse drücken und mit Eiern, Zimt, Mehl und etwas Salz zu einem Teig verkneten. Mit einem Esslöffel kleine Knödel von der Masse abstechen und in die heiße Suppe gleiten lassen.

Wenn die Klößchen aufsteigen, ist die Suppe fertig. Nun das Fleisch wieder hinzugeben, noch einmal kurz warm werden lassen und dann servieren.

Räuber, Fährleute und Villenpracht – ein Ausflug nach Blankenese

Es ist Mai, Ulli und ich sind mal wieder zu Besuch in der Hansestadt. Denn – Sie haben es vermutlich erraten – wir feiern unseren Hochzeitstag. Dieses Mal haben wir uns für ein kleines Hotel in Blankenese entschieden. Es befindet sich in einer schneeweißen Jugendstilvilla aus dem Jahre 1902 und liegt unterhalb des Treppenviertels direkt am Elbufer, dem Blankenese vermutlich seinen Namen zu verdanken hat. Früher gab es hier nämlich eine in den Fluss hineinragende sandige Landzunge, die „blanke Nase". Schon vor Jahrhunderten wurde sie von einer Flut verschlungen, übrig blieb nur der Strand, über dem sich das alte Fischerdorf Blankenese an den abschüssigen Hang des knapp 75 Meter hohen Süllbergs schmiegt. Letzterer Umstand erklärt auch die steilen Aufgänge des Treppenviertels.

Alte Geschichten wissen davon zu berichten, dass vor Zeiten dichter Wald diesen Berg bewuchs, und dass sich finstere Gestalten in seinem Buschwerk verbargen. Es waren ruchlose Heiden, die immer wieder brave Christenmenschen aus Hamburg überfielen und ausraubten. Ein unhaltbarer Zustand, der schließlich dazu führte, dass der Hamburger Erzbischof den Wald radikal abholzen und aus den Stämmen eine Burgfestung auf dem Gipfel des Süllbergs errichten ließ.

Damit hatte der kluge Mann nicht nur dem Unterschlupf des Räubergesindels den Garaus gemacht, nun ergab sich auch der Vorteil, dass man freie Sicht auf die Elbe hatte und im Schutz der Burg eine sichere Fährverbindung hinüber auf die andere Flussseite einrichten konnte. Lange ging das jedoch nicht gut, die Burg wurde überfallen und dem Erdboden gleichgemacht.

Erst Jahrhunderte später entstand wieder eine Burg, denn die Fährverbindung gewann zunehmend an Bedeutung und verlangte nach neuem Schutz. Im ausgehenden Mittelalter entwickelte sich nämlich ein florierendes Importgeschäft: Auf den üppigen Weiden der dänischen Halbinsel Jütland grasten während der Sommerzeit gewaltig große Rinderherden, die im Herbst über den sogenannten Ochsenweg zum Verkauf nach Norddeutschland getrieben wurden. Bis zu 50.000 Tiere kamen schließlich alljährlich über diese Handelsstraße, und diejenigen, die für die Schlachthäuser südlich der Elbe gelegener Städte bestimmt waren, mussten mithilfe der Fähre über den Fluss gebracht werden.

Das bot ein lukratives Geschäft, allerdings sorgte die neue Burg auf dem Süllberg nicht wie geplant für den Schutz des Viehtriebs. Der Burgherr war ein gewissenloser Lump, er verfolgte eigennützige Interessen und raubte Hamburger Schiffe aus. So erging es ihm schließlich wie einst den heidnischen Räubern, die auf dem Süllberg gehaust hatten: Sein Schlupfwinkel wurde kurzerhand geschleift.

Von Räubern, Burgen und Rinderherden ist heute nichts mehr zu sehen, wenn man aus der Innenstadt kommend in Richtung Blankenese fährt. Ganz im Gegenteil: Ab Ottensen geht es westwärts über die Elbchaussee, und wer diese Straße entlangfährt, den befällt alsbald die Ehrfurcht. Von den überdurchschnittlich vielen äußerst wohlhabenden Hamburgern war ja bereits die Rede, hier aber nehmen die Worte sichtbare

Gestalt an. Hinter hohen Hecken und wehrhaften gusseisernen Toren verbergen sich die Villen der besseren Gesellschaft. Mit aristokratischer Würde trotzen die prächtigen Gebäude allen neugierigen Blicken, wenn sie zwischen dem üppigen Grün der gepflegten Gartenanlagen hervorblitzen.

Neben den Wohnhäusern derer, die sich diese Adresse leisten können, findet man an der Elbchaussee architektonische Perlen, die von der langen Geschichte des hamburgischen Reichtums erzählen. Da ist zum Beispiel das „Elbschlösschen" Landhaus Baur (nicht zu verwechseln mit dem „Wasserschlösschen" in der Speicherstadt). Es wurde zu Beginn des 19. Jahrhunderts im Stil des berühmten italienischen Villenarchitekten Andrea Palladio erbaut und befindet sich im Stadtteil Nienstedten, genau wie das aus dem 18. Jahrhundert stammende klassizistische Landhaus Godeffroy im Hirschpark. 26 Hektar umfasst diese heute öffentlich zugängliche Parkanlage mit ihrer vierreihigen Lindenallee, mit herrlichen Rhododendren und mächtigen alten Solitärbäumen. In ihrem Herzen liegt ein Freigehege für Damwild und an ihrem Rand das Witthüs, einst ein Bauernhof, heute ein beliebtes Restaurant. Und der große Hirschpark ist nicht einmal der einzige Park, der an die Elbchaussee grenzt.

Man staunt, wie lang diese Straße ist, sie scheint gar nicht mehr enden zu wollen. Über eine Strecke von fast neun Kilometern zieht sie sich bis nach Blankenese hin. Früher diente die Elbchaussee als Flaniermeile und Ausflugsziel der Hamburger, doch die vielen Autos haben die Spaziergänger vertrieben. Diese tummeln sich heute lieber auf dem Elbwanderweg, wo man von der HafenCity bis hinaus zum Schulauer Fährhaus mit der Schiffsbegrüßungsanlage Willkomm-Höft wandern kann, eine abwechslungsreiche Strecke von gut 20 Kilometern Länge.

In Blankenese endet die Elbchaussee schließlich, die Welt des Großbürgertums liegt hinter uns, und wir befinden uns wieder mitten in einem dicht bebauten Viertel. Aber es ist ganz anders als die kosmopolitische Innenstadt, vielmehr hat man das Gefühl, in ein Dorf zu kommen. Tatsächlich ist Blankenese ja auch ein altes Fischerdorf gewesen, das sein Erblühen der Elbfähre verdankte. Am Hang des Süllbergs mit schönem Blick auf den Fluss gelegen, entwickelte es sich mit der Zeit zum bevorzugten Altersruhesitz der Kapitäne und Lotsen. Und das, obwohl der historische Kern von Blankenese alles andere als altersgerecht daherkommt. Das Treppenviertel ist von steilen Wegen und zahllosen Stufen geprägt, es heißt, dass es mehr als 4.000 sind, aber ich habe sie nicht gezählt. Fast fühlt man sich an die italienische Amalfiküste mit ihren verwinkelten Ortschaften, steilen Gassen und allgegenwärtigen Stufen versetzt. Und tatsächlich liegt über den eng beieinanderliegenden Häusern und den dazwischenliegenden blühenden Gärten des Blankeneser Treppenviertels der Hauch eines mediterranen Ambientes.

Die Blankeneser Hauptstraße führt hinab zum Elbstrand, aber sie macht ihrem Namen keineswegs Ehre. Diese „Hauptstraße“ ist so steil und hat so enge Kurven, dass der hier verkehrende öffentliche Bus eine verkürzte schmale Spezialanfertigung ist und aus gutem Grund „Bergziege“ genannt wird. Wer sich mit dem eigenen Auto auf diese Straße wagt, lernt schnell Respekt vor dem Busfahrer, der sein ganz offensichtlich immer noch viel zu großes Vehikel über diesen Hindernisparcours mit seinen stark geneigten Abfahrten lenkt. Da braucht man Nerven wie Drahtseile.

Wer sich das nicht zutraut, bleibt lieber oben. Dort findet man das alte Fährhaus von Blankenese. Genau 125 Stufen und 40 Höhenmeter trennen „Sagebiels Fährhaus“ vom Fähranleger, ein merkwürdiges Phänomen, das es wohl zu einem der höchstgelegenen Fährhäuser der Welt macht. Womöglich hat man es einst auf den Berg gesetzt, um vor den todbringenden Sturmfluten geschützt zu sein, die mitunter von der Nordsee her elbaufwärts rollten, vielleicht wollten die Fährleute der Vergangenheit auch einfach nur den besseren Überblick haben.

Der Vorteil, der sich aus der hohen Lage ergibt, ist nämlich ein großartiges Panorama über den Fluss, so schön, dass einige Außenaufnahmen für den Film „Große Freiheit Nr. 7" auf der Terrasse des Fährhauses gedreht wurden. „Wann wirst du wieder bei mir sein" singt Ilse Werner in dieser Sequenz. Sie wiegt sich beim Tanz in den Armen von Hans Söhnker, umringt von zahlreichen anderen tanzenden Paaren, und eine merkwürdige Melancholie liegt über der scheinbar so fröhlichen Szenerie. Fast meint man, dass die damals kurz bevorstehende Zerstörung von Hamburg durch die Luftangriffe der „Operation Gomorrha" dabei schon in der Luft liegt.

Ein Kellner schiebt sich im Film beflissen durch das Gedränge der Ausflügler, aber noch ist es nicht Horst Hoppe, der legendäre Kellner des Fährhauses, der hier 1965 seinen Dienst antrat. 51 Jahre später war er noch immer da, mittlerweile 77 Jahre alt, zu dieser Zeit der vielleicht dienstälteste Kellner der Welt. Ganz offensichtlich jemand, der in seinem Beruf auch seine Berufung gefunden hatte. Und hätte das traditionsreiche Restaurant nicht im November 2016 seine Pforten geschlossen, so würde er vielleicht noch immer dort servieren.

Da, wo heute der Parkplatz des Fährhauses liegt, wurden früher die Rinderherden aus Jütland zusammengetrieben, bevor es hinab auf die Fähre ging. Doch wir haben nicht geparkt, sondern unser Auto die enge Blankeneser Hauptstraße hinuntergequetscht. Schließlich wollen wir ja zu unserem Hotel, und das liegt unten am Strand von Blankenese. Vor einigen Jahren bin ich schon einmal dort gewesen, damals verströmte das Strandhotel Blankenese den gleichen morbiden Charme wie einst das Hotel Atlantic. Die Zeiten ändern sich, auch das Strandhotel wurde renoviert und ist nun ausgesprochen mondän. Parallel dazu sind die Preise gestiegen, aber wir haben ja Hochzeitstag, da nimmt man es nicht so genau. Und es ist wirklich faszinierend, am Fenster des Hotelzimmers zu sitzen und das Gefühl zu haben, dass die auf der Elbe vorbeifahrenden Riesenschiffe fast mitten durchs Zimmer gleiten. Wir genießen diese Aussicht und schauen lange Zeit einfach nur hinaus.

Dann landet plötzlich genau gegenüber am anderen Elbufer ein riesiges Flugzeug. Es ist eine Passagiermaschine von Airbus. Was macht die dort drüben in Finkenwerder? Liegt denn Hamburgs Flughafen nicht ganz woanders, weit weg von uns im Norden der Stadt?

Bickbeersupp mit Schnee-Eiern

Zutaten für 4 Personen:

1 kg frische Heidelbeeren
500 ml Apfelsaft
100 g Zucker
1 unbehandelte Zitrone
1 Vanilleschote
3 Eiweiß
50 g Puderzucker
500 ml Milch
etwas frische Minze
Salz

Zubereitung:

Die Heidelbeeren waschen und verlesen, anschließend mit dem Apfelsaft, dem Zucker und dem ausgekratzten Mark der Vanilleschote aufkochen. Die Hitze reduzieren und die Beerensuppe etwa 5 Minuten lang köcheln lassen.

Die Zitrone waschen, den äußersten gelben Anteil der Schale abreiben und zu den Heidelbeeren geben, danach die Zitrone auspressen und den Saft ebenfalls hinzugeben. Nun alles mit dem Pürierstab zerkleinern und abkühlen lassen.

Die Eiweiße zusammen mit einer Prise Salz sehr steif schlagen, dabei den Puderzucker einrieseln lassen. Die Milch aufkochen und vom Herd nehmen. Aus dem Eiweiß kleine Nocken formen und vorsichtig auf die heiße Milch gleiten lassen. Nach drei Minuten wenden.

Die Bickbeersupp auf Tellern anrichten, jeweils ein paar Eiweiß-Nocken daraufsetzen und mit Minzeblättchen dekorieren.

Flieger, grüß mit die Sonne – Airbus in Finkenwerder

Natürlich ist das gar kein normaler Flughafen, da drüben in Finkenwerder. Es ist vielmehr der Werksflugplatz von Airbus mit seiner knapp 3.200 Meter langen Start- und Landebahn, und die langgestreckten grauen Hallen am Elbufer sind die Fertigungshallen.

Aber hier werden nicht etwa komplette Airbus-Flieger von der Pike auf zusammengesetzt, verschweißt und verschraubt. Das riesige Werk in Finkenwerder ist nur eine der zahlreichen Produktionsstätten des Unternehmens in Europa, in den Hallen von Hamburg-Finkenwerder findet lediglich die Endmontage verschiedener Modelle statt. Außerdem werden Passagiermaschinen wie diejenige, deren Landung wir eben beobachtet haben, hier lackiert und erhalten ihre Kabinenausstattung. Dazu ist die Maschine gerade aus Toulouse in Frankreich eingeflogen, wo die Montage ihrer Bauteile zu einer flugfähigen Maschine stattgefunden hat. Und die einzelnen Teile dafür sind zuvor aus den verschiedensten Richtungen nach Toulouse gekommen.

So geschah es auch mit dem A380, einem Flugzeug der Superlative. Es ist für 853 Passagiere und 20 Besatzungsmitglieder zugelassen, transportiert aber nur maximal 558 Passagiere, was ja auch ganz schön viele Menschen sind. Der Listenpreis für so ein Prachtexemplar lag zuletzt bei schlappen 445,6 Millionen Dollar. Seinen Erstflug erlebte der A380 im Jahr 2005, er durfte sich mit dem Titel des weltgrößten Verkehrsflugzeug schmücken. Doch damit wollte Airbus vielleicht doch ein bisschen zu hoch hinaus, denn die Produktion des A380 wurde wegen der schlechten Auftragslage im Jahr 2021 eingestellt.

Von den kleineren Airbus-Typen werden einige in Toulouse, manche seit 2008 auch in China, die meisten aber im Hamburger Werk zusammengebaut. Ihre Bausätze bestehen aus Millionen von Einzelteilen und werden mit Schwertransportern, per Schiff oder mit der Transportmaschine Airbus Beluga in Finkenwerder angeliefert. Letztere hat ihren Namen redlich verdient, denn ihre Nase sieht aus wie der gedrungene Kopf des Weißwals, den man auch Belugawal nennt. Gut zehnmal täglich starten oder landen diese dickköpfigen Flugzeuge in Finkenwerder.

Die einzelnen Teile der Airbus-Bausätze kommen aus Nordfrankreich, aus Wales und aus Stade, beteiligt sind aber auch Werke in Bremen, Rostock, Augsburg, Nordenham, Buxtehude, Frankfurt, Madrid und Sevilla, um nur einige der Standorte zu nennen. Warum baut man nicht alle Teile an einem einzigen Ort und schraubt sie auch gleich dort zum Flugzeug zusammen? Damit würde man sich doch die weiten und kostspieligen Transportwege ersparen!

Der Grund hierfür liegt in der Besonderheit des Unternehmens Airbus. Als man es Ende 1970 aus der Taufe hob, hatte seiner Geburt die Idee zugrunde gelegen, den marktbeherrschenden amerikanischen Flugzeugbauern Boing und McDonnell Douglas einen effizienten europäischen Konkurrenten entgegenzusetzen.

Zwar gab es in Europa einige alteingesessene Flugzeughersteller, doch handelte es sich nur um mittelständische Betriebe.

Keines dieser Unternehmen wäre allein dazu in der Lage gewesen, den Amerikanern Paroli zu bieten. Schon im Vorfeld schlossen sich deshalb deutsche Unternehmen zur neu geschaffenen Deutsche Airbus GmbH zusammen, nun kam auch der staatliche französische Luftfahrtkonzern Aérospatiale hinzu. Federführend bei der Gründung dieses neuen Wirtschaftsimperiums agierte der umtriebige Bayer Franz Josef Strauß.

In den folgenden Jahren gesellten sich der große spanische Hersteller CASA sowie British Aerospace hinzu. Das erklärt, warum jedes der beteiligten Länder ein Scheibchen von der Herstellung abbekommen musste, und dass die einzelnen Standorte hierfür sich auf Deutschland, Frankreich, Spanien und das Vereinigte Königreich verteilen. Die jeweiligen nationalen Besitzanteile am Unternehmen Airbus entscheiden wiederum darüber, wie viel jeder bei sich daheim bauen darf.

Nachdem man das geklärt hatte, ging das Geschacher um die Standorte in den einzelnen Ländern los. In Deutschland hatte Hamburg die Nase vorn, denn es konnte mit einem Gelände in Finkenwerder auftrumpfen, wo schon seit 1936 Flugzeuge zusammengebaut worden waren. Das Gebiet bestand eigentlich aus zur Bebauung ungeeignetem Sumpfland, doch man hatte es bereits in den Jahren vor dem Krieg begradigt und trockengelegt, um hier Wasserflugzeuge und Flugboote herzustellen. Nach dem Krieg erhielt das kleine Werk einen eigenen Flugplatz.

Auf diesem Terrain entstanden nun Produktionshallen für die neue Airbus-Gesellschaft und mit den Jahren immer mehr Arbeitsplätze, mittlerweile sind es mehr als 12.000. Das Airbus-Werk hat Hamburg auf Platz drei der weltweiten Luftfahrtindustrie-Standorte katapultiert, übertroffen nur noch von Toulouse und Seattle. Denn mehr als 300 Unternehmen und Forschungseinrichtungen in der Hansestadt sind am Kuchen der Flugzeugherstellung beteiligt, sodass insgesamt mindestens 40.000 Arbeitnehmer aus der Region vom Flugzeugbau leben. Der Stadtteil Finkenwerder, der auf einer Halbinsel in der Elbe liegt und früher von großen Schiffswerften beherrscht wurde, besteht heute zu einem großen Teil aus Werksgelände und Unternehmenssitz der Airbus Operations GmbH.

Das Montagewerk in Finkenwerder umfasst inzwischen die Fläche von 500 Fußballfeldern. Für Interessierte gibt es Werksführungen, bei denen man die gigantischen Montagehallen genau inspizieren kann. Vom eigens dafür angeschütteten Airbus-Besucherhügel aus lassen sich die Starts und Landungen der Transportmaschinen und der brandneuen Flugzeuge beobachten.

Aber wir haben ja einen Logenplatz auf der anderen Seite der Elbe am Fenster unseres Blankeneser Hotelzimmers.

Finkenwerder Ewerscholle

Zutaten für 4 Personen:

4 bratfertige Schollen
100 g gewürfelter Räucherspeck,
100 g gepulte Nordseekrabben
1 Bd. Lauchzwiebeln
2 Zitronen
100 g Mehl
4 kl. Zweige Dill
Speiseöl
Salz
Pfeffer

Zubereitung:

Die eine Zitrone auspressen, die andere vierteln. Die Lauchzwiebeln waschen, putzen und in Röllchen schneiden. Die Schollen unter fließendem kaltem Wasser abwaschen, mit Küchenkrepp trockentupfen, beidseitig salzen, pfeffern, mit dem Zitronensaft beträufeln und anschließend in Mehl wälzen.

In einer Pfanne etwas Speiseöl erhitzen und die Schollen von beiden Seiten je ca. 5 Minuten darin goldbraun braten. In einer zweiten Pfanne den Speck auslassen und kross werden lassen. Dann die Lauchzwiebeln und die Krabben hinzugeben, salzen, pfeffern und kurz mitbraten. Die Schollen auf Tellern anrichten und die Krabben-Speck-Lauch-Mischung darübergeben. Mit je einem Zweig Dill dekorieren und ein Zitronenviertel dazulegen. Dazu passen Bratkartoffeln. Nach Geschmack kann man die Krabben auch weglassen.

Die Finkenwerder Ewerscholle heißt in den Restaurants meist „Scholle Finkenwerder Art“ und ist ein Hamburger Klassiker. Besonders köstlich ist das Gericht mit Maischollen, den zarten jungen Schollen, die im Mai überall in Hamburg angeboten werden.

Schwimmende Städte – Kreuzfahrer zu Gast in Hamburg

In den wenigen Stunden, die wir am Fenster unseres Blankeneser Zimmers verbracht haben, sind drei große Kreuzfahrtschiffe an uns vorbeigefahren. Fast könnte man den Verdacht haben, dass da irgendwo ein Nest sein muss.

Tatsächlich herrscht in Hamburg ein reger Betrieb von Kreuzfahrtschiffen und Luxuslinern. Mit schöner Regelmäßigkeit steuert zum Beispiel die Queen Mary 2 den Hafen der Hansestadt an und lockt damit auch immer zahllose Nicht-Passagiere herbei. Denn sie ist mit 345 Metern Länge und 72 Metern Höhe eines der größten Kreuzfahrtschiffe der Welt. Wenn sie einläuft, werden alle anderen Schiffe und die Gebäude am Elbufer plötzlich ganz klein. Sie ist ein Schiff der Superlative, für ihre Baukosten hätte man gleich zwei komplette Airbus A380 kaufen können. Kein Wunder, dass viele Zuschauer Zeugen des Spektakels sein wollen, wenn dieser Riesenkahn nach Hamburg kommt. Für die etwas mehr als 100 Kilometer lange Reise von Cuxhaven aus entlang der Elbe benötigt die Queen Mary 2 gute drei Stunden, und überall an der Strecke stehen „Pottkieker“ mit gezückten Kameras bereit.

Aber auch die kleineren Kreuzfahrtschiffe bieten einen majestätischen Anblick. Hamburg ist ein beliebtes Ziel und hat deshalb gleich mehrere Anlaufstellen für sie zu bieten. Das

Cruise Center in Altona ist erst 2011 hinzugekommen, um dem wachsenden Schiffsverkehr gerecht zu werden. Kreuzfahrten sind schließlich angesagt, besonders im Mai liegen fast täglich große Schiffe vor dem verglasten Terminal.

Gleich dahinter liegt die Elbmeile, das maritime Viertel von Altona, wo seit der Jahrtausendwende aus den alten Speichergebäuden in einem Mix von historischer und hochmoderner Architektur schicke neue Wohn- und Geschäftshäuser entstanden sind. Die Elbmeile erstreckt sich zwischen Fischmarkt und Museumshafen Oevelgönne, hier gibt es Ladenpassagen, Restaurants, trendige Bars und Beachclubs, aber auch Werbeagenturen, Medienhäuser und Verlage, Reedereien und Kanzleien. Aus diesem nicht mehr genutzten Hafenteil ist so eines der innovativsten Stadtviertel von Hamburg geworden. Wer seinem Kreuzfahrtschiff am Cruise Center Altona entsteigt, wird also von der Hansestadt gleich mit coolem, postmodernem Großstadtflair empfangen.

Wer aber mit einem Kreuzfahrtschiff anreist, das länger als 300 Meter ist, muss weiterfahren bis zum Cruise Center in der HafenCity. Das erste seiner beiden Terminals ging schon 2004 in Betrieb, und inzwischen können hier sogar zwei Kreuzfahrtschiffe gleichzeitig festmachen. Nur die übergroße Queen Mary 2 beansprucht den gesamten Platz für sich allein. Das Terminal entstand im Zuge der Neugestaltung der HafenCity, neben der Abfertigungshalle mit integriertem Hotel besteht das Cruise Center der HafenCity aus einer Tiefgarage, Büros, Wohnungen und einem Einkaufszentrum.

Bevor es die Kreuzfahrtanleger in der HafenCity und in Altona gab, wurden die Schiffe im Kaiser-Wilhelm-Hafen von Steinwerder auf der anderen Elbseite abgefertigt. Auch hier ist inzwischen ein neues Terminal entstanden, das seit Juni 2015 in Betrieb ist.

Und außerdem gibt es mit der Überseebrücke und den St. Pauli Landungsbrücken zwei weitere große Anlegestellen für Fahrgastschiffe. Sie sind so konstruiert, dass die Schiffe einen gewissen Sicherheitsabstand vom Land halten. Zur Zeit ihres Baus wurde der Schiffsantrieb nämlich noch mit Kohle befeuert, sodass davon immer eine gewisse Brandgefahr ausging. An den Landungsbrücken und der östlich davon gelegenen Überseebrücke – bei letzterer verrät es schon der Name – legten früher die Personendampfer von und nach Amerika an. Noch heute dient die Überseebrücke Großseglern und kleineren Kreuzfahrtschiffen als Anlegestelle, vor allem während des Hafengeburtstags im Mai oder wenn die anderen Anlegestellen wegen Überfüllung geschlossen sind. Denn Kreuzfahrten liegen trotz aller damit verbundenen Kritik und dem durch die Coronakrise bedingten Rückschlag nach wie vor im Trend.

Das ist ein Segen für die Hamburger Werft Blohm + Voss, die wie alle Werften in der zweiten Hälfte des letzten Jahrhunderts einen rasanten Niedergang erleben musste. Zwar hat die Meyer Werft in Papenburg den Bau von Kreuzfahrtschiffen für sich an Land gezogen, doch auch die Hamburger mischen bei diesem Geschäft mit. Ein Ozeanriese, der in Papenburg vom Stapel gelaufen ist, steuert nach seiner Probefahrt das große Dock gegenüber von den Landungsbrücken an. Hier werden die letzten Details noch einmal überprüft, bevor das Schiff endgültig ausgeliefert wird. Das Eindocken erfordert penibelste Maßarbeit und ist ein faszinierend anzuschauendes Manöver.

Aber auch für eine Generalüberholung kommen die Kreuzfahrtschiffe zu Blohm + Voss. Deren Trockendock Elbe 17 ist nämlich eines der größten in ganz Europa. Es ist 351 Meter lang und wurde im Zuge der Kriegsvorbereitungen 1938 errichtet, damit man die großen Schlachtschiffe der Marine dort reparieren konnte. Dazu kam es letztendlich nicht, aber dank seiner starken Betonmauern diente es der Hamburger Bevölkerung immerhin als Luftschutzbunker.

Nach dem Krieg waren die britischen Besatzer fest dazu entschlossen, dieses Zeugnis des deutschen Rüstungswahns in die Luft zu jagen. Die Sprengladungen waren im Januar 1950 schon angebracht, als sich tausende Hamburger an den Landungsbrücken und entlang der Hafenstraße versammelten, um dagegen zu protestieren. Sie befürchteten nämlich, dass nicht nur das Dock bei der Maßnahme zerstört werden würde, sondern auch der Elbtunnel von der Wucht der Explosion in Mitleidenschaft gezogen werden könnte. Mit dieser Demonstration wurde nicht nur die Hafenstraße schon kurz nach der Gründung der Republik erstmals zum Ort des Bürgerprotests, es gelang damit auch, die Briten umzustimmen. In letzter Minute bliesen sie die Sprengung ab.

Nun kam die große Stunde von Willy Schlieker. Der Hamburger hatte bereits sein geschäftliches Naturtalent und einen untrüglichen Instinkt für lukrative Unternehmen bewiesen, als er kurz nach dem Krieg die Briten beim Wiederaufbau der deutschen Industrie beriet. Vielleicht ist Ihnen sein Name kein Begriff, aber er war einer der großen Selfmademen der Nachkriegsjahre und stand in einer Reihe mit Großunternehmern wie Neckermann, Grundig oder Schickedanz.

Schlieker übernahm das Dock, investierte einen Haufen Geld in dessen Reparatur und startete damit die bis heute währende Karriere des Trockendocks Elbe 17. Mit seiner eigenen Karriere lief es nicht ganz so gut. Die feinen Hamburger rümpften die Nase, wenn die Rede auf ihn kam, denn als Sohn eines Hafenarbeiters galt er für sie bloß als Parvenü, ein unkultivierter, neureicher Emporkömmling. Deshalb nutzten die Banken den ersten Liquiditätsengpass, den seine Schlieker-Werft in der Werftenkrise Anfang der Sechzigerjahre erlebte, um ihm rigoros die Kreditlinie zu streichen. Schlieker ging bankrott und zog sich enttäuscht in die bayerischen Alpen zurück. Das Dock Elbe 17 fiel an Blohm + Voss, die es bereits während der Nazizeit treuhänderisch verwaltet hatten.

Seit seiner Fertigstellung haben gigantische Schiffe das Trockendock Elbe 17 angelaufen, darunter einige riesige Containerschiffe, aber auch Kreuzfahrtschiffe wie die Queen Elizabeth oder die Queen Mary 2. Die ist groß, aber es geht noch größer: Im Herbst 2014 wurde die Quantum of the Seas in Hamburg eingedockt. Sie war erst wenige Wochen zuvor in Papenburg vom Stapel gelaufen und erhielt in Hamburg den letzten Schliff vor der Übergabe an ihre amerikanische Reederei. Dieses Schiff ist ein schwimmender Erlebnispark, mit dem wohl alles bisher Dagewesene übertrumpft werden sollte. Als wahrer ein Gigant offeriert es Platz für 4.900 Passagiere und übertrifft sogar die Länge der Queen Mary 2 noch um ganze drei Meter. Doch ständig überbieten sich die Reedereien mit neuen Superlativen, was 2018 die MSC Meraviglia bei ihrem ersten Besuch in Hamburg unter Beweis stellte. Denn sie kann sogar mehr als 5.700 Reisegäste mitnehmen. Dagegen wirken die Kreuzfahrtschiffe, die vor unserem Fenster in Blankenese vorbeigefahren sind, vermutlich wie Spielzeug für die Badewanne.

Für alle, die nicht genug von den weißen Riesen bekommen können, veranstaltet die Hamburg Messe seit 2008 alle zwei Jahre im Sommer die Hamburg Cruise Days, bei denen die neusten Kreuzfahrttrends und Reisekonzepte vorgestellt werden. Als besondere Attraktion gilt das opulente Rahmenprogramm mit seiner Parade eigens angereister Kreuzfahrtschiffe sowie szenischen Lichtinszenierungen, die den Hamburger Hafen in eine einzige große Showbühne verwandeln.

Hamburger Frische Suppe

Zutaten für 4 Personen:

600 g Tafelspitz vom Rind
600 g Kartoffeln
300 g Möhren
2 Porreestangen
2 Zwiebeln
4 Petersilienwurzeln
1 Kohlrabi
1 kl. Blumenkohl
¼ Sellerieknolle
1 kl. Bd. Blattpetersilie
2 Lorbeerblätter
8 Körner Piment
8 Wacholderbeeren
Salz, Pfeffer

Zubereitung:

Wacholderbeeren und Piment in ein Teeei füllen und mit den Lorbeerblättern in einen mit reichlich Wasser gefüllten Topf geben. Einen Metalleinsatz so in den Topf stellen, dass man den Tafelspitz darauflegen kann und dieser zwar noch mit Wasser bedeckt ist, aber nicht den Topfboden berührt. Das Wasser salzen und pfeffern, den Tafelspitz hineingeben und das Ganze langsam aufkochen lassen. Die Temperatur sodann reduzieren, damit das Wasser nur noch leise köchelt, und den Tafelspitz 2 ½ Stunden lang darin garen.

Alles Gemüse putzen bzw. schälen und in kleine Stücke schneiden. Die Petersilienblättchen abzupfen und fein hacken.

Nach Ablauf der Kochzeit den Tafelspitz, das Teeei, die Lorbeerblätter und den Metalleinsatz aus dem Topf nehmen. Schaum von der Kochwasseroberfläche abschöpfen, dann das Gemüse hineingeben, aufkochen und 30 Minuten lang garen lassen. In der Zwischenzeit den Tafelspitz in kleine Würfel schneiden und danach zum Gemüse geben.

Noch einmal mit Salz und Pfeffer abschmecken, dann auf Tellern anrichten und die Petersilie darüberstreuen.

Mit frischem Graubrot servieren.

Suppe, Brei und Mus – Köstlichkeiten aus Hamburg

18 Speiselokale hat das Kreuzfahrtschiff Quantum of the Seas, über so viel Auswahlmöglichkeit staunt man nicht schlecht. Doch das ist natürlich nichts im Vergleich zu dem, was Hamburg den hungrigen Mäulern zu bieten hat. In Hamburgs Restaurants und Imbissbuden begegnet man der Küche aller Herren Länder, es gibt mehr als zehn mit Michelin-Sternen ausgezeichnete Gourmettempel und dazu Fischdelikatessen bis zum Abwinken.

Abgewinkt haben zum Beispiel schon vor Jahrhunderten die Hamburger Dienstboten, denen ihre Herrschaft ständig Lachs vor die Nase setzte, so lange, bis er den armen Leuten zu den Ohren wieder herauskam. Lachs gab es nämlich in rauen Mengen, und er war vor allem sensationell billig. Die Dienstboten fühlten sich von dem Armeleuteessen schließlich so angewidert, dass sie dagegen Klage erhoben und der Rat der Stadt eine Verordnung erließ, die besagte, dass das Dienstpersonal nicht öfter als zweimal pro Woche mit Lachs abgespeist werden durfte. Aber diese hübsche Geschichte stammt aus dem reichen Fundus Hamburger Geschichten und Sagen, ob es sich wirklich so zugetragen hat, ist nicht bewiesen.

Tatsache ist allerdings, dass es in Hamburg schon seit langer Zeit reiche Herrschaften gegeben hat, die angemessen zu speisen wünschten. Seit dem 12. Jahrhundert schlossen sich immer mehr norddeutsche Städte im Bündnis der Hanse zusammen und erlangten dadurch erhebliche Handelsvorteile. Auch Hamburg integrierte sich in diesen Verbund und blühte durch den Verkauf von Bier und Getreide aus seinem Umland, vor allem aber durch den Warenumschlag in seinem Hafen schnell auf. Seine Einwohnerschaft polarisierte sich in zwei Gruppen, den reichen Kaufleuten einerseits und andererseits den mittellosen Arbeitern und Dienstboten.

Auf der üppigen Seite der Küche standen jetzt die wohlhabenden Bürger, und zwar für jedermann deutlich sichtbar. Sie richteten sich nämlich sogenannte „Prunkküchen" ein, schicke Schauküchen, in denen sie ihre kostbaren Zinnkrüge, die kupfernen Pfannen und das feine Geschirr ausstellten. Dahinter versteckt lag die Arbeitsküche, in der tatsächlich für die Herrschaften gekocht wurde. Manchmal verbannten sie diese betriebsame Küche auch einfach in den Keller des Hauses, damit auch wirklich nichts den gediegenen Schein trüben konnte.

Der Seehandel brachte schon früh exotische Gewürze in die Küchen dieser feinen Leute, nicht umsonst spricht man von den „Pfeffersäcken" und meint die beleibten, macht- und geldbesessenen Händler der Hansezeit. Später kamen Kaffee, Tee und fremdländische Früchte zur Palette der angebotenen Spezialitäten hinzu. Die gehobene Hamburger Küche kennzeichnete daher stets ihre besondere Raffinesse und Vielfalt.

Der ärmeren Bevölkerungsschicht ist die große Zahl der Eintopfgerichte zu verdanken, die in Hamburg überliefert sind. Das berühmteste davon ist die Aalsuppe, ein Gemüsegericht mit Backobst und einem ausgekochten Schinkenknochen. Bis heute sind sich die Hamburger nicht darüber einig, ob in diese Suppe nun auch wirklich Aal hineingehört oder ob der Name daher stammt, dass in diesem Resteessen „aal's bin“ – „alles drin“ – ist, was man noch in der Küche gefunden hat. Entsprechend gibt es Rezepte mit und ohne Zugabe von Aal.

Aus dem nahe gelegenen Alten Land kam reichlich Obst in die Stadt, das im Sommer billig zu haben war. Um es auch für den Winter haltbar zu machen, wurde es getrocknet, und so haben die pfiffigen Hamburger Köchinnen und Köche sich zahlreiche Gerichte ausgedacht, die Dörrobst enthalten, zum Beispiel „Plumen un Klüten“, dessen Rezept uns schon begegnet ist. Dieses besondere Gaumenerlebnis heißt „broken sööt“, „gebrochene Süße“.

Auch der Klassiker Birnen, Bohnen und Speck entstammt der Armeleuteküche, genau wie der „Pannfisch“, für den einfach alle Fischreste in der Pfanne zubereitet und dann zusammen mit Bratkartoffeln und einer Senfsauce serviert werden. Der aus Steckrüben, Schweinebauch und Kartoffeln gekochte Eintopf brachte es sogar zum Ehrentitel „Hamburger National“, und ein anderes beliebtes Eintopfgericht besteht aus Rauchfleisch und grob geschnittenem Weißkohl. Für „Plockfinken“ werden Rauchfleisch und Möhren mit Essig gekocht und in einer Mehlschwitze serviert.

Aus der Not, sich nur eine Suppe leisten zu können, machten die lebensfrohen Hanseaten einen Kult. Wohl nirgends haben Suppen einen so hohen Stellenwert wie hier. Die Hamburger bestehen darauf, dass sie es waren, die die Ochsenschwanzsuppe kreiert haben, sie kochen Hummer- oder Krabbensuppe, „Frische Suppe“ oder die gewöhnungsbedürftige Suppe „Schwarzsauer“, hergestellt aus mithilfe von Essig geronnenem Schweineblut. „Snuten un Poten“ ist auch so eine Speise, um die empfindliche Esser besser einen Bogen machen, denn sie wird aus gepökelten Schweinefüßen und -schnauzen zubereitet, manchmal auch zusätzlich noch aus Ohren. Dazu gibt's Sauerkraut oder Erbsenpüree.

Natürlich ist Fisch in Hamburgs Küchen allgegenwärtig. Hering gibt es in allen Formen, als Matjes, Bismarckhering oder „Grün", also frisch. Letzteren verspeist man gebraten, Matjes werden mit Bohnen und Speckstippe serviert. Räucheraal reicht man auf geröstetem Schwarzbrot mit Rührei und Schnittlauch. Im Mai gibt es überall Maischolle, gerne auf Finkenwerder Art mit Speckstippe und Kartoffelsalat. „Hüt Klüt, morgen Fisch, vergnögt gaht wi to Disch", schrieb der Seemannsdichter Gorch Fock aus Finkenwerder, „heute Klöße, morgen Fisch, vergnügt geh'n wir zu Tisch". Diese zusammen mit zahlreichen anderen Worten in Romanform gebrachten Zeilen trugen dem Mann zwei nach ihm benannte Marineschulschiffe ein, und „Klüten" finden sich noch heute in vielen Hamburger Gerichten in Form von Schwemm-, Fett-, Kartoffel- oder Grießklößchen wieder, mitunter gibt es auch Klöße aus Hummer und Austern. Unterwegs bekamen die Seeleute vorzugsweise Labskaus vorgesetzt, weil der aus haltbarem Pökelfleisch zubereitet wird, und auch daheim wollen sie offensichtlich nicht mehr auf die gewohnte rosarote Pampe verzichten. Labskaus gibt's in Hamburg überall, heute wird er aber mangels Pökelfleisch meist aus Corned Beef zubereitet. Weitere Zutaten sind Rote Bete und Kartoffeln, dazu gibt's Gewürzgurken, Spiegelei und Rollmops.

„Himmel, Erde und Hölle" ist ein ähnliches Breigericht, nur macht man es aus Grützwurst, Apfelmus und Kartoffelpüree, manchmal werden auch noch ein paar Rosinen hineingemischt. Grünkohl und Wirsing sind beliebte Gemüsesorten, auch Kohlrouladen kommen oft auf den Teller.

An Festtagen gibt's Enten und Gänse, gefüllt mit dem allgegenwärtigen Dörrobst. Lange Zeit waren auch Stubenküken eine bevorzugte Delikatesse an den feinen Hamburger Tischen. Die Bauern in der Elbmarsch zogen sie früh im Jahr wohlbehütet in der warmen Stube auf, durch wenig Bewegung und reichlich Futter wuchsen sie schnell und konnten früh geschlachtet werden. Die kleinen Hühnchen wurden mit Hühnerleber, Schinken, Sahne und Ei gefüllt, in Speck eingewickelt und im Ofen gebacken.

Für Vegetarier sieht's schlecht aus in der traditionellen Hamburger Küche, aber ihnen bleibt zumindest das Dessert. Die Liebe der Hamburger zu Suppe, Eintopf und Mus hat sich auch hier durchgesetzt, selbst der Nachtisch kommt als Brei auf den Tisch. Allen voran ist da die unvermeidbare Rote Grütze zu nennen, in Hamburg heißt sie „Rode Grütt". Sie besteht aus roten Früchten, man verzehrt sie mit Milch, flüssiger Sahne, Eis oder Vanillesauce. Beliebt sind Fliederbeer- und Blaubeersuppe mit Klößchen, und „Quetschmadam" ist eine Speise aus Milchreis und gekochten Birnen. Der „Große Hans" ist ein Kochpudding im englischen Stil aus Mehl, Rosinen, Butter und Eiern, ihn verzehrt man mit eingemachten Kirschen oder Zitronensauce. Ganz ähnlich ist der Brodt-Pudding, auch dieser ist wie englischer Pudding eine Art Serviettenkloß. Gebacken werden Franzbrötchen und Braune Kuchen, beide haben wir in diesem Buch schon kennengelernt. Außerdem gibt es ein Blätterteiggebäck namens „Kopenhagener". Zu Karneval werden Heißwecken mit Rosinen gebacken, mit Puderzucker bestreut, aufgeschnitten und mit Sahne gefüllt. Und zur Weihnachtszeit wird ein süßes Hefebrot namens „Klöben" in den Ofen geschoben.

Zu all dem trinkt man Bier oder Alsterwasser, das ist ein Mix aus zwei Dritteln Bier und einem Drittel Zitronenlimonade. Wenn es etwas Hochprozentiges sein soll, genießt man Kümmel oder einen Aquavit namens Köm. Der Überseehandel brachte den Rum in die Stadt, im Winter wärmt man sich mit heißem Grog. 1677 eröffnete das erste Kaffeehaus, seit damals sind die Hamburger Kaffeegenießer, und auch Tee ist sehr beliebt. Seit 1995 hat Hamburg sogar einen eigenen Weinberg. Er befindet sich am Stintfang oberhalb der Landungsbrücken.

Bleibt noch die Kardinalfrage: Was ist mit dem Hamburger? Vor ein paar Kapiteln sind wir dem Rezept für das „Rundstück warm“ begegnet, von dem es heißt, dass es ein Vorläufer des weltberühmten Fleischklopsbrötchens sei. Das „Rundstück“ genannte Brötchen kann man auch prima mit einer Frikadelle aus Hackfleisch belegen, wobei der echte Hamburger „Hamburger“ mit einem englisch gebratenen Hacksteak aus Rindfleisch und Eigelb zubereitet wird. Einwanderer sollen die Idee mit nach Amerika gebracht haben, von wo aus der Hamburger dann seinen Siegeszug antrat. Definitiv wurden Hamburger auf der Weltausstellung von 1904 in St. Louis serviert. Aber schon 60 Jahre vorher fand sich das „Hamburger Steak“ in einem amerikanischen Kochbuch.

Wer den Hamburger erfunden und ihm seinen Namen verpasst hat, wird wohl für immer im Dunkeln verborgen bleiben. Fest steht, dass kein anderes Gericht den Namen einer Stadt so erfolgreich bis in den hintersten Winkel der Welt getragen hat wie der Hamburger.

Hamburger

Zutaten für 4 Personen, für die Rundstücke:

300 g Mehl
15 g Hefe
15 g Butter
150 ml Milch
1 Tl Zucker
1 Ei
Salz

Für den Belag:

1 Zwiebel
2 Gewürzgurken
4 Salatblätter
1 Tomate
4 Tl Mayonnaise
2 Tl Senf
2 El Ketchup
1 Tl Paprikapulve

Für die Hacksteaks:

600 g Tatar vom Rind
2 Eigelb
Pfeffer, Salz
Butterschmalz

Zubereitung

Die Hefe mit dem Zucker in einer Tasse mithilfe einer Gabel verkneten, bis sie flüssig ist. Das Mehl mit Butter, Ei, der flüssigen Hefe und etwas Salz in eine Schüssel geben. Mit den Händen kneten und die Milch nach und nach hinzugießen, bis ein geschmeidiger, nicht mehr klebender Teig entstanden ist. Kräftig durchkneten, dann mit einem Küchentuch abgedeckt 30 Minuten lang an einem warmen Ort gehen lassen.

Anschließend noch einmal durchkneten, mit angefeuchteten Händen 4 Brötchen daraus formen und auf ein mit Backpapier ausgelegtes Backblech legen. Den Backofen auf 180°C vorheizen und die Brötchen 25 Minuten backen, bis sie goldbraun sind. Währenddessen nach Wunsch mehrfach mit kaltem Wasser aus einer Sprühflasche besprühen, dann werden die Brötchen knusprig.

Für die Hamburger das Tatar mit den Eigelben vermischen, mit Salz und Pfeffer würzen und 4 flache Hacksteaks daraus formen. In einer unbeschichteten Pfanne etwas Butterschmalz sehr heiß werden lassen und die Hacksteaks von jeder Seite 1 ½ Minuten lang darin braten. Dann in Alufolie einschlagen und 5 Minuten im auf 160°C vorgeheizten Backofen ruhen lassen.

Ketchup, Senf und Paprikapulver miteinander verrühren. Die Zwiebel schälen und aus dem Mittelteil 4 ringförmige Scheiben herausschneiden. Die Tomate waschen und ebenfalls aus der Mitte vier Scheiben herausschneiden. Die Salatblätter waschen und trockenschleudern, die Gewürzgurken längs in Scheiben schneiden.

Die Rundstücke aufschneiden, die untere Hälfte mit je einem Tl Mayonnaise bestreichen. Je 1 Salatblatt darauflegen, dann ein Hacksteak, darauf 1 Tomatenscheibe, 1 Zwiebelring und ein paar Gewürzgurkenscheiben. Die Ketchupmischung darüber verteilen, die obere Rundstückhälfte darauflegen und die Hamburger servieren.

Menschen im Zoo – Carl Hagenbeck

So groß wie das Angebot an Restaurants, so überwältigend ist auch die Vielfalt von Hotels, Pensionen und ausgefallenen Übernachtungskonzepten in der Hansestadt. Einige wenige davon haben wir bereits kennengelernt, aber die Palette ist noch weitaus bunter. Es gibt in Hamburg sogar ein Kinderhotel. Die Kleinen werden dort abends an der Rezeption abgegeben und erst am nächsten Morgen wieder abgeholt. Ein Traum für gestresste Eltern, die sich mal ungestört in Hamburgs Nachtleben stürzen wollen.

Das stand mir allerdings nicht im Sinn, als ich Hamburg einmal gemeinsam mit meiner Freundin Gunhild besuchte. Meine beiden Jüngsten, damals noch im vorpubertären Alter, reisten mit, und ich wollte sie keineswegs loswerden, sondern mit ihnen gemeinsam ein paar abwechslungsreiche Tage verbringen. Das ist in Hamburg nun wirklich kein Problem, denn die Stadt hält für Kinder unglaublich viele spannende Entdeckungen bereit.

Unser Budget wollten wir auf dieser Reise nicht überstrapazieren, und so entschieden wir uns für ein Hotel, das etwas außerhalb gelegen ist. Auch hier lernten wir ein interessantes Konzept kennen: Das Hotel kombiniert den normalen Übernachtungsbetrieb mit einem Seniorenheim. Statt ins Altenghetto abgeschoben zu werden, haben die Bewohner hier stets

Kontakt zu Menschen unterschiedlichster Altersgruppen und Herkunft.

Zufällig lag unser Hotel in unmittelbarer Nähe des Tierparks Hagenbeck im Hamburger Bezirk Eimsbüttel. Meine tiervernarrte Tochter war davon geradezu hingerissen, und deshalb stand außer Frage, dass wir zunächst den Zoo besuchen mussten. Ich lernte, dass hier 1907 den Besuchern zum ersten Mal auf der Welt Tiere ohne störende Gitterstäbe präsentiert wurden, Anlass genug, um mich etwas näher mit der Person des Gründers Carl Hagenbeck auseinanderzusetzen.

Sein Vater war ein erfolgreicher Fischhändler aus St. Pauli, dem der tote Fisch allein eines Tages nicht mehr genügte. Als seinen Fischern ein paar Seehunde in die Netze gingen, ließ er diese nicht wie üblich töten, sondern stellte sie in einem Bottich öffentlich aus. Für kleines Geld konnte jedermann sie ansehen, und die Sache kam so gut an, dass er seine Seehunde kurzerhand nach Berlin verfrachtete und auch dort erfolgreich präsentierte. Von diesem Triumph beflügelt fing er damit an, lebende Tiere anlässlich des Hamburger Volksfestes Dom zur Schau zu stellen. Mit Ziegen und Hühnern ging es ganz bescheiden los, aber schon bald gab es einen Affen, einen Papageien und später sogar einen Eisbären.

Schließlich begann der alte Hagenbeck einen florierenden Handel mit exotischen Tieren. Diesen Geschäftszweig übernahm 1866 sein Sohn Carl, der ein noch deutlich geschickteres Händchen dafür bewies als der Papa. Er schickte Expeditionen um die ganze Welt, um fremdartige Tiere einfangen zu lassen, und verkaufte diese an die Menagerien wohlhabender Herrschaften.

Doch das Erstaunen seiner norddeutschen Landsleute über die fremdartigen Wesen brachte ihn auf eine weitere Idee. Er kannte sich aus und wusste, dass nicht nur der Anblick von

Tieren aus anderen Ländern und von fernen Kontinenten für den gewöhnlichen Deutschen jener Zeit äußerst überraschend war. Noch viel verblüffender wirkten doch die fremden Menschen mit ihren ganz andersartigen Kulturen und ihrem ungewohnten Aussehen!

Warum also nicht auch die Menschen ausstellen, fragte sich Carl Hagenbeck. Er ließ ein paar lappländische Sámi mitsamt ihren Rentieren und Zelten nach Hamburg schaffen und ihre Wohnstätten mitten in St. Pauli aufbauen. Vor dieser authentischen Kulisse mussten die Leute nichts anderes tun, als ihrem gewohnten Tagesablauf nachzugehen, während die neugierigen Hamburger ihnen dabei zusahen – selbstverständlich nach Entrichtung einer entsprechenden Eintrittsgebühr. Zur Belustigung der Zuschauer bauten die Sámi zwischendurch ihre Zelte ab und wieder auf, fingen die Rentiere mit dem Lasso oder stellten hölzerne Schlitten her. Besonders spannend fanden die Hamburger allerdings die junge Sámi, die ihren Säugling völlig ungeniert in aller Öffentlichkeit stillte.

Der Erfolg dieser Völkerschau erwies sich als phänomenal. Weiter so, sagte sich Hagenbeck, und stellte fortan Massai, Inuit, Mongolen, Singhalesen, Beduinen und Angehörige anderer Völkerstämme mitsamt ihren Tieren und Wohnstätten aus. Dabei wurden die Menschen dazu angehalten, Tänze und fremdartige Rituale vorzuführen, auch wenn diese für die Zuschauer in ihrer ursprünglichen Bedeutung gar nicht verständlich waren. Denn es ging in erster Linie um den Unterhaltungswert des Menschenzoos, durch ihn stiegen die Einnahmen. Weniger ging es darum, ein wirkliches Verständnis für die ausgestellten Völker zu wecken. Hagenbeck wird vorgeworfen, dass er stattdessen vielmehr rassistische Vorurteile und Überlegenheitsgefühle schürte und die kritiklose Akzeptanz des Kolonialismus unter der Bevölkerung des deutschen Kaiserreichs damit förderte. Mit wohligem Erschaudern betrachteten die Besucher die „Halbwilden", und Hagenbecks Freund, der Mediziner Rudolf Virchow, vermaß derweil deren Körper und stellte gewagte Hypothesen über ihre Intelligenz auf.

Bei der Vorstellung befällt uns heute tiefe Erschütterung. Allerdings darf man nicht vergessen, dass zur damaligen Zeit vollkommen andere Vorstellungen herrschten, der „Rasse"-Gedanke, die feste Überzeugung von der Überlegenheit der Weißen und eine darauf basierende Hierarchie lagen voll und ganz im Einklang mit der Wissenschaft. Hagenbecks Ethno-Shows mögen dazu beigetragen haben, diese Denkweise in den Köpfen zu zementieren.

Auf der anderen Seite war es Hagenbecks Idee, fremdländische Szenerien möglichst naturnah wiederzugeben, und das erforderte Platz. So kam er darauf, seine Tierausstellung, aber auch seine Menschenschau vom räumlich beengten St. Pauli hinaus in den Vorort Stellingen zu verlegen. Hier wagte er seit 1907 etwas völlig Innovatives. Statt in Käfigen präsentierte er seine Tiere frei in künstlich angelegten Landschaftspanoramen, von den Zoobesuchern nur mithilfe von Wassergräben und Felsen abgegrenzt. Alteingesessene Zoodirektoren schüttelten die Köpfe ob dieses raumgreifenden Experiments, doch das begeisterte Publikum gab Hagenbeck recht.

Die Völkerschauen wurden derweil immer weiter ausgebaut, zumal Hagenbeck ab 1887 einen eigenen Zirkus betrieb. Hier zeigte er nicht nur fremde Menschen, schon bald wurden auch dressierte Wildtiere vorgeführt. Zu einer bombastischen Wild-West-Show holte Hagenbeck 1910 eine Gruppe von Sioux-Indianern und waschechten Cowboys nach Hamburg, die den Zuschauern live präsentierten, was diese gerade bei Karl May gelesen hatten: halsbrecherische

Ritte, fliegende Pfeile und Tomahawks, Kriegsgebrüll, Marterpfahl und abschließend die Friedenspfeife am Lagerfeuer. Erst mit dem Aufkommen des Kinos nahm das Interesse an den Hagenbeck'schen Ethno-Inszenierungen allmählich ab, Anfang der Dreißigerjahre wurden sie komplett aufgegeben.

Ganz anders erging es dem Tierpark. Die großen und schön gestalteten Freigehege gefielen nicht nur den Besuchern, auch die Tiere fühlten sich hier deutlich wohler als in den zuvor üblichen Käfigen. Eine möglichst artgerechte Haltung wird heute von allen Zoos angestrebt, doch Carl Hagenbeck gebührt dabei die Vorreiterrolle. Die Indianer und Afrikaner, die vor gut 100 Jahren einen Teil des Zoos in entsprechenden Kulissen bewohnten, sind längst nicht mehr da. Die Bombenangriffe der „Operation Gomorrha" haben Hagenbecks Tierpark zerstört, doch er wurde – auch mithilfe seiner Elefanten – nach dem Krieg wiederaufgebaut und vergrößert. Hagenbecks Zoo ist der einzige große Tierpark Deutschlands, der sich in privater Hand befindet und ohne Fördergelder auskommen muss.

Direkt am Hagenbeck-Zoo gibt es übrigens ein Tierpark-Themenhotel. Hier lebt der Kolonialgedanke zumindest im exotisch angehauchten Interieur wieder auf.

Wir haben den Spaziergang durch den schönen Landschaftszoo sehr genossen. Besonders angetan waren die Kinder von den freilaufenden Tieren und davon, dass man Futter erwerben und gleich an die Elefanten weiterreichen kann. Mich persönlich hat die Begegnung mit der Giraffe am meisten beeindruckt. Man durfte ihr von einer erhöhten Plattform aus ein paar Zweige überreichen und stand ihr dabei Auge in Auge gegenüber. Es war ein unvergleichlicher Augenblick.

Hamburger Rode Grütt

Zutaten für 4 Personen:

200 g entsteinte Kirschen
200 g Erdbeeren
200 g Himbeeren
200 g rote Johannisbeeren
250 ml Rotwein oder roter Traubensaft
1 unbehandelte Zitrone
120 g Zucker
50 g Speisestärke
1 Vanilleschote

Zubereitung:

Die Zitrone waschen, die Schale mit dem Sparschäler in einem Stück ringsherum abschälen, dann die Zitrone auspressen. Die Früchte waschen, putzen, gut abtropfen und zusammen mit dem Wein bzw. Saft, dem Zucker und der Zitronenschale in einen Topf geben. Die Vanilleschote auskratzen, das Mark und die ausgekratzte Schote ebenfalls in den Topf geben. Alles gut vermischen und 3 Stunden lang stehenlassen.

Dann alles aufkochen und 5 Minuten lang bei geringer Temperatur köcheln lassen. Anschließend durch ein Sieb gießen, die Flüssigkeit auffangen. Etwa 150 ml davon in einem Schüttelbecher mit der Speisestärke gut vermischen, den Rest zusammen mit dem Zitronensaft zurück in den Topf geben und aufkochen. Die Speisestärkemischung unter Rühren hinzugeben und 3 Minuten lang kräftig mitkochen lassen. Anschließend vom Herd nehmen.

Die Zitronenschale und die Vanilleschote von den Früchten im Sieb entfernen, die Früchte in eine Schüssel füllen, mit dem gebundenen Saft übergießen, umrühren und abkühlen lassen.

Mit flüssiger Sahne, Vanillesauce oder Vanilleeis servieren.

Der Teufel steckt im Detail – das Miniatur Wunderland

„Mit den Kindern müssen wir aber unbedingt auch ins Miniatur Wunderland“, sagte Gunhild, als wir den Tierpark Hagenbeck verlassen hatten. Ich seufzte. Eine Modellbahnanlage, na großartig. Mein diesbezügliches Interesse ist vergleichbar mit dem, das ich für Kaffeesäcke aufbringe, die in Hamburg platzen. Aber Gunhilds Mann sammelt seit unzählbaren Jahren kleine Wiking-Modellautos, da ist es wohl kein Wunder, dass auch sie eine Affinität zu Modellen entwickelt hat. Schicksalsergeben willigte ich in den Besuch des Miniatur Wunderlandes ein. Was tut man auch schließlich nicht alles für seine Kinder.

Bei einem meiner letzten Besuche in Hamburg war mir die Aufschrift „Modelleisenbahn Wunderland“, die in riesigen goldenen Lettern an einem alten Backsteinbau in der Speicherstadt prangt, durchaus aufgefallen. Damals zog ich es allerdings vor, die Kinder in eine Ausstellung im Bucerius Kunst Forum mitzuschleppen. Es befindet sich am Rathausmarkt und ist nach dem Verleger und Politiker Gerd Bucerius benannt, der ab 1946 Herausgeber der Zeit und kurz darauf auch Verleger des Stern gewesen ist. Mit den Einnahmen aus dem Verkauf des Stern hielt er die lange Zeit defizitäre Zeit über Wasser, sein ganzes Vermögen floss in die Zeit-Stiftung, denn der Wochenzeitung galt seine große Leidenschaft. Auch das Bucerius Kunst Forum wird von seiner Stiftung getragen, in kleinen, feinen Ausstellungen wird hier jeweils ein spezifisches Thema in neuem Licht dargestellt. Damals ging es um Kleopatra, eine faszinierende Präsentation, und anschließend besuchten wir noch die Hamburger Kunsthalle, in deren drei Gebäuden auf 13.000 Quadratmetern unzählige Werke vom Mittelalter bis zur Gegenwart gezeigt werden.

Vermutlich hätten die Kinder es wohl vorgezogen, stattdessen die Modelleisenbahnanlage zu sehen. Die ist nämlich nicht nur groß, nein, sie ist sogar die größte auf der ganzen Welt. Wegen des großen Andrangs müsse man allerdings mit erheblichen Wartezeiten rechnen, gab Gunhild zu bedenken, vermutlich um meine eventuellen diesbezüglichen Klagen schon im Vorfeld im Keime zu ersticken. Tatsächlich empfiehlt es sich, das Miniatur Wunderland bei strahlendem Sonnenschein zu besuchen oder noch besser, die Tickets vorher online zu bestellen. Es wird nämlich stets nur eine bestimmte Zahl von Besuchern hereingelassen, da man bei dichtem Gedränge kaum ausreichend Gelegenheit hätte, die teilweise winzigen Exponate zu betrachten. Der Service ist beachtlich gut, auf der Website kann man sich sogar die Wartezeitprognose ansehen und aktuelle Empfehlungen für die beste Besuchszeit einholen. Wer trotzdem lange in der Warteschlange stehen muss, wird mit kostenlosen Getränken versorgt. Was für eine sympathische Geste! Das versöhnte mich mit der Idee des Besuchs der Anlage, und wir hatten auch noch Glück, denn wir erwischten eine günstige Zeit und mussten nur ganz kurz warten.

Die Legende sagt, dass der Gründer des Miniatur Wunderlands eines Tages spontan auf den Gedanken kam, seinen Kindertraum von einer riesigen Modellbahnanlage Wirklichkeit werden zu lassen. Als erfolgreicher Hamburger Jungunternehmer besaß er eine Diskothek und ein Techno-Label. Aber er war erst Anfang dreißig, und das noch überaus lebendige Kind im Manne veranlasste ihn dazu, Disko und Label zu Gunsten des Miniatur Wunderlandes aufzugeben. Zuvor hatte er nämlich eine Umfrage zur Beliebtheit von Hamburger Sehenswürdigkeiten gemacht und dabei einfach das Wunderland mitaufgeführt, obwohl es noch gar nicht existierte. Dessen ungeachtet landete die Modellbahnanlage bei den befragten Männern spontan auf Platz 3. Wenn das nicht ein Motivationsanschub war!

Im Dezember 2000 ging es los. Zunächst entstanden drei Abschnitte. 2021 summierten sich bereits zehn, während drei weitere in Bau bzw. Planung waren, und es werden immer mehr. Mittlerweile stecken unzählige Arbeitsstunden und noch mehr Euro in der Modellbahnanlage, und das Ergebnis kann sich sehen lassen. Denn hier fahren nicht nur Züge wahllos auf den verschiedenen Ebenen der Ausstellungsräume hin und her, hier ist der Name Programm: Es ist ein wirkliches Wunderland!

Zunächst fing es noch ganz beschaulich mit dem Nachbau von Landschaftszenarien aus Mittel- und Süddeutschland an. Die Fantasiestadt „Knuffingen“ liegt hier zwischen Alpen und Harz und stellt ein deutsches Kleinstadtidyll wie aus dem Bilderbuch dar. Rund 100 Autos fahren in Knuffingen hin- und her, und alle 15 Minuten muss die Feuerwehr mit großem Getöse ausrücken, weil es irgendwo brennt.

Weiter geht es in die österreichischen Alpen, eine Bergwelt aus Tonnen von Gips, in der alle Jahreszeiten gleichzeitig stattfinden, sodass man alpine Skifahrer und Skilifte genauso antrifft wie Bergsteiger und sommerliche Almromantik. 130 Züge kurven ununterbrochen durch die Landschaft, während sich auf dem Jahrmarkt ein Riesenrad dreht und die Scheinwerfer des Rockkonzerts dessen Besuchermenge in eine bunte Farborgie tauchen. Aus dem Gefängnis türmt gerade ein Häftling, und im Fluss treibt eine Wasserleiche, derweil es nebenan im Sonnenblumenfeld versteckt ein Liebespaar auf andere Art miteinander treibt.

Natürlich hat auch die Heimatstadt Hamburg einen Platz im Wunderland gefunden. Auf 200 Quadratmetern sind ihre Sehenswürdigkeiten haarklein nachgebildet, vom Hafen mit der Köhlbrandbrücke über den Michel bis zum Tierpark Hagenbeck. Die Elbphilharmonie wurde hier deutlich früher fertiggestellt als ihr reales Vorbild, und im Fußballstadion besiegt der HSV vor 12.000 Zuschauern tagaus tagein den hier völlig chancenlosen FC St. Pauli. In St. Pauli selbst stehen sich derweil die Prostituierten die Füße platt, und 190 Züge steuern immer wieder aufs Neue den Hauptbahnhof in St. Georg an. Das Miniatur Wunderland in der Speicherstadt ist selbstverständlich auch nachgebildet, sogar mit einem fahrenden Miniatur-Miniaturzug im Maßstab 1:900. Der Rest der inzwischen 1.500 Quadratmeter großen Installation des Wunderlands ist im Maßstab 1:87 gehalten, was der Modellbahngröße H0 entspricht, wobei manche Objekte aus praktischen Gründen noch mehr verkleinert werden mussten.

So detailverliebt geht es weiter nach Amerika, dessen endlose Weite hier ein bisschen zusammengestaucht wurde. Da leuchtet Las Vegas mit 33.000 Lichtern gleich neben Cape Canaveral und dem Mount Rushmore, und ganz besonders entzückend fand ich die im Untergrund versteckte geheime Anlage von Area 51 mit UFO und kleinen grünen Männchen.

Weitere Ausstellungsflächen zeigen Skandinavien – sogar mit echtem Wasser und nachgestellten Gezeiten –, die Schweiz, Italien und einen Flughafen. Auf dessen Startbahn werden die Flugzeugmodelle ganz realistisch beschleunigt, heben ab und verschwinden in der Wolkendecke.

Über dem gesamten Wunderland wird ein auf 15 Minuten verkürzter Tagesablauf simuliert, von der Helligkeit über die Dämmerung bis in die Nacht, die von mehr als 300.000 Lichtern erleuchtet wird. Und interaktiv ist das Ganze auch, denn es gibt etliche Schalter, mit deren Hilfe sich weitere Features starten lassen. Die Besucher können Windräder in Bewegung setzen, Fußballtore fallen lassen oder gleich ein ganzes Space Shuttle starten.

Die Ideen für die Zukunft reichen vom Dschungel bis zu den Pyramiden, vom Industriekomplex bis hin zur Bimmelbahn, von Südfrankreich bis nach Südamerika, von der Karibik bis nach Asien. Und während all das entsteht, können interessierte Gäste den Tüftlern dabei über die Schulter schauen. Die haben hier einiges zu leisten, weil fast alles in filigraner Handarbeit entsteht. Das gilt auch für die Technik, denn handelsübliche Modellbahnmechanik reicht hier meist nicht aus. Die ist ja bloß für Väter konzipiert, die unterm Weihnachtsbaum die neue Modelleisenbahn ihres Filius kreisen lassen, nicht für den Dauerbetrieb im Wunderland.

Neben Fingerspitzengefühl brauchen die Modellbauer jede Menge Fantasie, und die leben sie hier bis ins winzigste Detail aus. Es ist eine echte Freude, immer wieder neue witzige Kleinigkeiten zu entdecken, da kann ich mich gar nicht sattsehen. Begeistert habe ich hunderte von Fotos geschossen, um Ulli später zu Hause alles ganz genau zeigen zu können.

„Nun komm endlich, lass uns mal gehen“, meint Gunhild schließlich. „Wir haben doch auch noch was anderes vor!“

Wie ärgerlich. Will sie mir etwa den Spaß verderben?

Hamburger Frühlingsbote – ein Spargel-Carpaccio

Zutaten für 4 Personen:

5 Stangen weißer Spargel
5 Stangen grüner Spargel
4 Erdbeeren
8 Himbeeren
50 ml milder Balsamico
1 El Grenadinesirup
1 kl. Bund Kerbel
4 Kapuzinerkresseblüten
grob gemahlener Pfeffer aus der Mühle

Zubereitung:

Die weißen Spargelstangen waschen und schälen, die unteren Enden so weit wie nötig abschneiden. Die grünen Spargelstangen so tief wie möglich unten abbrechen, dann waschen und trocken tupfen. Anschließend alle Spargelstangen jeweils in der Mitte halbieren und längs in ca. 1–2 mm dünne Scheiben schneiden. Bunt durcheinander auf einer Platte verteilen, dabei die dekorativeren Teile mit den Kopfenden oben auflegen.

Den Balsamico mit dem Grenadinesirup vermischen und über den Spargel träufeln. Die Erdbeeren waschen, das Grün entfernen. Auch die Erdbeeren längs in ca. 1–2 mm dünne Scheiben schneiden und über dem Spargel verteilen. Die Himbeeren waschen, halbieren und ebenfalls über den Spargel dekorieren. Den Kerbel waschen, auf Küchenkrepp trocknen, dann kleine Blättchen abzupfen und über das Carpaccio streuen. Anschließend etwas Pfeffer über das Ganze mahlen und zum Schluss die Kapuzinerkresseblüten seitlich dazulegen. Diese Blüten sind übrigens essbar.

Mit knusprigem Ciabattabrot oder frischem Körnerbrot servieren.

Michel und die Stufen – ein Blick von St. Michaelis

„Jetzt müssen wir den Kindern aber auch mal eine klassische Sehenswürdigkeit zeigen“, sagte Gunhild und meinte damit Hamburgs berühmtes Wahrzeichen, den Michel. Den kannte meine Tochter allerdings schon längst. Sie hatte die zweite Klasse der Grundschule besucht, als ihre Lehrerin sie nach einem unserer Besuche in Hamburg fragte, ob sie denn wisse, wer der Michel sei. Meine Kleine war mächtig stolz darauf, dass sie die Frage korrekt beantworten konnte, was sie allerdings zugegebenermaßen nicht meinem pädagogischen Eifer zu verdanken hatte, sondern vielmehr einem freundlichen Taxifahrer, der ihr den Michel während der Vorbeifahrt gezeigt hatte.

„Michel“ wird die evangelische Hauptkirche St. Michaelis mit ihrem markanten Glockenturm genannt. Dieser überragt die Skyline der Hamburger City, wenn man sie von der Elbe aus betrachtet, und fiel deshalb früher allen Seeleuten und Besuchern, die mit ihrem Schiff in Hamburg anlandeten, als Erstes ins Auge. Im Laufe der Zeit haben sich ein paar Hochhäuser und der Fernsehturm dazugesellt, und heute wird natürlich jeder Ankömmling zuallererst die Elbphilharmonie anschauen, die dem Michel wohl den Rang abgelaufen hat.

Der Michel hat aber eine Bedeutung, die weit über seine Funktion als Wahrzeichen hinausreicht. Im Zuge der Reformation erhielt Hamburg 1529 eine neue Kirchenordnung, mit der das Stadtgebiet in fünf Kirchspiele aufgeteilt wurde. Die Pastoren dieser Kirchspiele hatten während der Jahrhunderte maßgeblichen Anteil an der politischen Verwaltung der Stadt. Jedes einzelne Kirchspiel errichtete seine eigene Hauptkirche, und noch heute überragen deren Türme die Silhouette der Stadt, besonders wenn man sie von der Außenalster aus betrachtet. Der Turm der St. Nikolai-Kirche am Hopfenmarkt steht allerdings nur noch als Mahnmal, denn die Kirche wurde bei den Luftangriffen der „Operation Gomorrha" im Zweiten Weltkrieg zerstört und nicht wiederaufgebaut. Man kann aber mit einem gläsernen Aufzug bis zur Aussichtsplattform in 76 Metern Höhe hinauffahren. Dort erlebt man nicht nur einen grandiosen Blick, Schaubilder der zerstörten Stadt nach dem Zweiten Weltkrieg ermöglichen auch einen direkten Vergleich mit dem heutigen Hamburg.

Der Michel hingegen überstand die verheerenden Bombenangriffe im Sommer 1943, während seine gesamte Umgebung in Trümmer fiel. Erst in den folgenden beiden Jahren trafen Bomben sein Hauptschiff, doch schon bald nach dem Krieg wurde es wieder repariert. Das konnte den alten Michel nicht wirklich erschüttern, der hatte seine Erfahrungen mit der Zerstörung nämlich schon hinlänglich gemacht. 1750 schlug der Blitz ein und löste ein Feuer aus, das schließlich zum Einsturz des Kirchturms und zum völligen Ausbrennen des Kirchenschiffs führte. Die gesamte Kirche wurde neu aufgebaut und hielt immerhin gute 150 Jahre lang. Dann sprang bei Lötarbeiten ein Funke in den Dachstuhl über, und schon wieder brannte St. Michaelis vollständig nieder. Beim erneuten Wiederaufbau hielt man sich aus Pietät genau an die alte Optik, verwendete aber anstelle von Holz jetzt Stahl und Beton als Grundgerüst für den Backsteinbau. So steht er noch heute, und sein Namensgeber, der Erzengel Michael, prangt als Bronzefigur über dem Hauptportal. In der Darstellung hat Michael gerade den Satan besiegt, vielleicht will er damit verdeutlichen, dass er zukünftig auch dem Feuerteufel trotzen kann.

Schon seit 300 Jahren bläst der Türmer vom Michel täglich mindestens einen Choral in den Himmel über Hamburg, an Sonn- und Feiertagen mittags um zwölf, an Werktagen morgens um zehn und abends um neun. Früher galt sein Trompetenspiel als Signal, die Stadttore zu öffnen oder zu schließen, heute ist es eine geliebte alte Tradition. Täglich gibt es andere Choräle, gespielt von zwei freiberuflichen Musikern, die sich dabei abwechseln. Der „Micheltüter" steht auf der 7. Turmetage, 279 Stufen trennen ihn vom Erdboden.

„Da müssen wir rauf, man hat einen tollen Blick über Hamburg", bekundete Gunhild. Ich stöhnte. „279 Stufen?" „Oh nein", meinte Gunhild und sah mich amüsiert an. „Es sind exakt 453 Stufen bis zur Aussichtsplattform in 83 Metern Höhe, und wer sich traut, kann auch noch drei Meter höher hinauf auf eine sehr kleine Plattform ohne Begrenzungszaun klettern. Der Turm vom Michel ist 132 Meter hoch, aber der Kölner Dom ist sogar noch 25 Meter höher, und da bist du doch auch schon hochgeklettert!" Richtig, und dort müssen sogar 533 Stufen überwunden werden, um die Aussichtsplattform in 97 Metern Höhe zu erreichen. Aber wer hat gesagt, dass ich diese Erfahrung unbedingt in Hamburg noch einmal auffrischen möchte? Da lächelte Gunhild beschwichtigend. Denn gegenüber dem Kölner Dom hat der Michel einen großen Vorteil zu bieten: Es gibt einen Fahrstuhl! Ruckzuck geht es hinauf zur Aussichtsplattform mit ihrem fantastischen Panorama. Das ist immer spektakulär, doch als besonderes Schmankerl kann man an den Wochenenden auch noch spät am Abend hinauffahren und das Lichtermeer über Stadt und Hafen bestaunen.

Wählt man für den Abstieg die Treppen, so kann man die einzelnen Turmböden besuchen. Hier gibt es jeweils allerhand Informationen, auf dem neunten Boden sogar eine Videoprojektion und Musik. Gleich darunter sieht man das Uhrwerk der Turmuhr, die von unten eigentlich recht bescheiden wirkt. Und doch ist sie Deutschlands größte Turmuhr. Der große Zeiger ist fast fünf Meter lang und bringt stolze 130 Kilogramm auf die Waage.

Unterhalb des sechsten Bodens sieht man die riesigen Glocken, von denen die größte die „Jahrtausendglocke“ von 2008 ist. Sie hat einen Durchmesser von 2,34 Metern und wiegt mehr als 7,5 Tonnen. Wie der Name vermuten lässt, wurde die Jahrtausendglocke eigentlich im Jahr 2000 aufgehängt, aber ihre Gussqualität war miserabel, sie bekam bald darauf einen Sprung und musste deshalb erneuert werden.

Wer Höhenangst hat und sich nicht so hoch hinaustraut, braucht auf die beeindruckende Aussicht vom Michel trotzdem nicht zu verzichten. Denn auf dem Turm sind Webcams angebracht, und auf der Website von St. Michaelis kann man jederzeit live den Rundblick über Hamburg genießen.

Plockfinken

Zutaten für 4 Personen:

1 kg Möhren
600 g Kassler Nacken
80 g Butter
60 g Mehl
50 ml Apfelessig
20 g Zucker
1 kl. Bd. Blattpetersilie
Salz, Pfeffer

Zubereitung:

Die Möhren putzen, der Länge nach vierteln und in ungefähr 4 cm lange Stifte schneiden. Das Kasslerfleisch in grobe Würfel schneiden. Beides zusammen mit dem Essig und dem Zucker in einen Topf geben und gerade eben mit leicht gesalzenem Wasser bedecken. Aufkochen und dann bei schwacher Hitze 25 Minuten lang köcheln lassen.

Anschließend durch ein Sieb abgießen und den Sud auffangen. Den leeren Topf zurück auf den Herd stellen, die Butter darin zerlassen, das Mehl hineinstreuen und kurz anschwitzen. Unter Rühren mit dem Schneebesen mit dem aufgefangenen Sud ablöschen, aufkochen, mit Pfeffer würzen und noch einmal mit Salz abschmecken. Möhren und Kassler hinzugeben, gut umrühren und wenige Minuten bei ganz schwacher Hitze ziehen lassen. Die Petersilie waschen, die Blättchen abzupfen, grob hacken und vor dem Servieren unter das Gericht rühren.

Dazu gibt's Salzkartoffeln.

Hakuna Matata – der König der Löwen

„Wenn wir schon mit den Kindern in Hamburg sind, dann dürfen wir unter keinen Umständen auf einen Besuch beim ‚König der Löwen' verzichten", verkündete ich meiner Freundin Gunhild voller Enthusiasmus. Sie zog die Brauen zusammen und sah mich fragend an. „Ein Musical? Ach, weißt du, das ist nun wirklich nicht meine Welt."

Ich konnte sie sehr gut verstehen, denn ehrlich gesagt bin ich auch alles andere als ein Musical-Fan. Den „König der Löwen" besuchte ich einzig und allein, um den Kindern eine Freude zu machen, denn der Disney-Film war ihr absoluter Favorit, als sie noch klein waren. Wir sahen das Musical erstmals 2004, damals stand das Theater im Hafen schon seit drei Jahren. Es liegt auf einer Elbinsel im Stadtteil Steinwerder gegenüber von den St. Pauli Landungsbrücken, wurde für die Aufführung von „Buddy Holly" errichtet und für den „König der Löwen" umgebaut. Das Musical stammt von Elton John und Tim Rice, der eine genialer Schöpfer eingängiger Melodien und Arrangements, der andere ein nicht minder brillanter Texter. Kein Wunder also, dass das auf dem Zeichentrickfilm von 1994 basierende Musical schon bei seiner Uraufführung 1997 in Minneapolis zum Riesenerfolg avancierte und bald darauf an den New Yorker Broadway umzog. London wollte dem nicht nachstehen und zeigt den „König der Löwen" seit 1999. Zwei Truppen tourten mit der Show durch die USA, und weltweit kamen immer mehr Ableger der Produktion hinzu. „König der Löwen" in Las Vegas, in Madrid, in Shanghai, in Tokio, in Johannisburg, in Paris, in Singapur, in Sydney und in Den Haag. Und selbstverständlich auch in Hamburg!

Hamburg ist nämlich Deutschlands Musical-Metropole. Alles begann 1986 mit dem Musical-Hit „Cats", der von da an 15 Jahre lang im Hamburger Operettenhaus aufgeführt wurde. Für „Das Phantom der Oper" wurde 1990 erstmals ein eigenes Theater errichtet, die Neue Flora. Elf Jahre geisterte das Phantom dort herum, nach einer Pause gastierte es ab 2013 noch einmal für zwei Jahre. Im Operettenhaus an der Reeperbahn boxte sich „Rocky" durch die Weltpremiere des gleichnamigen Musicals, das auf dem Kultfilm mit Sylvester Stallone basiert und von ihm selbst sowie den Klitschko-Brüdern produziert wurde. Danach folgten Deutschlandpremieren von Musicals wie „Ghost" oder „Tina". Im Theater am Großmarkt treten Tourneeteams mit ihren Musicalproduktionen auf, und auf dem Kiez gibt's ein St. Pauli Musical. Nach 2.000 Aufführungen von „Tarzan" feierte „Aladdin" in der Neuen Flora seine Europapremiere, und die Welturaufführung des Musicals „Das Wunder von Bern" fand im eigens dafür errichteten Theater an der Elbe statt. Dessen Bau steht auf der Insel Steinwerder gleich neben dem Theater im Hafen, durch das der „König der Löwen" stolziert. Das „Wunder von Bern" handelte natürlich vom unverhofften Sieg der deutschen Nationalelf bei der Fußball-WM 1954 und lehnte sich an den gleichnamigen Erfolgsfilm von Sönke Wortmann an. Doch an den scheinbar ewigwährenden Erfolg des Löwenkönigs konnte es nicht heranreichen, schon nach gut zwei Jahren begannen Produktionen wie „Tanz der Vampire" oder „Pretty Woman", es abzulösen.

Mit den Jahren werden in Hamburg immer wieder wechselnde Musical-Aufführungen gezeigt, sei es das Abba-Musical „Mamma Mia!", „Dirty Dancing" oder „Sister Act", um nur ein paar zu nennen. Außerdem gibt es noch zahlreiche kleinere Theater mit Eigenproduktionen. Die Stage Entertainment GmbH hat ihren Sitz in Hamburg und dominiert den Markt mit neun Theatern in Deutschland, davon allein fünf in der Hansestadt. Neben den beiden Theatern in Steinwerder, dem Operettenhaus am Spielbudenplatz und der Neuen Flora gehört dazu das kleine Theater Kehrwieder in der Speicherstadt. Hier gibt es auch eine Musical-Schule, die den heiß begehrten Nachwuchs für das florierende Geschäft heranzieht. Die Leidenschaft für Musicals scheint sich unaufhaltsam zu steigern, denn im März 2015 wurde das Mehr! Theater in der Großmarkthalle von Hamburg-Hammerbrook eröffnet, mit 3.500 Plätzen ein weiteres Riesenodeon. So ist denn Hamburg zum weltweit drittgrößten Musicalstandort herangereift, übertroffen nur noch von New York und London. Mehr als zwei Millionen Besucher zieht es allein wegen der Musicals jedes Jahr in die Elbmetropole, das bringt den Hamburger Hotels rund eine Million Übernachtungen ein. Eine wirkliche Gigantomanie, aber deshalb muss ja noch lange nicht jeder von Musicals begeistert sein.

Aber, was soll ich sagen? Den „König der Löwen" fand ich so überwältigend, dass ich wenige Jahre später noch einmal mit den Kindern eine Aufführung besucht habe. Das war anlässlich des Besuchs im Bucerius Kunst Forum sowie in der Kunsthalle. Die Kleinen hatten danach doch wirklich einen kindgerechten Ausgleich verdient!

Und wenn wir nun zusammen mit den Kindern in Hamburg sein würden, wäre das nicht Argument genug, um den „König der Löwen" zum dritten Mal aufsuchen zu können? Zumal Gunhild den ja noch gar nicht kannte, also nicht wissen konnte, was ihr da entgehen würde.

Sie ließ sich also überreden, auch wenn die Eintrittskarten ein kleines Vermögen kosteten. Und sie hat es nicht bereut. Die Musik ist hinreißend, die Darsteller sind hochprofessionell und die prächtigen Bühnenbilder erschaffen eine intensive Afrika-Atmosphäre. Viele Tierfiguren werden von Schauspielern zum Leben erweckt, und sie zaubern eine atemberaubende Mischung aus fantastischen Wesen und künstlerischer Performance herbei. „König der Löwen" ist ein wahrhaft beeindruckendes Spektakel.

Noch ganz berauscht haben wir das Theater im Hafen danach wieder verlassen. Mittlerweile hatte sich die Dunkelheit über Hamburg gesenkt, die Skyline am anderen Elbufer erhellten zahllose Lichter. Vom Theater aus bringen Fähren die Besucher zurück zu den Landungsbrücken. Sie sind sonnenblumengelb gestrichen und mit den Emblemen des Musicals verziert. Mit diesem für Musical-Gäste kostenlosen Shuttle-Service waren wir auch schon vor Beginn der Vorstellung in Steinwerder angekommen.

Aber jetzt im Dunkeln liegt eine ganz besondere Magie über der Elbe. In ihrem Wasser spiegeln sich die prachtvollen Lichter der glitzernden Stadt, und über uns strahlen tausend Sterne am nachtblauen Himmel. In uns tragen wir noch den geheimnisvollen Zauber der afrikanischen Savanne, und die Klänge des Dschungels hallen weiterhin nach. Vielleicht mag ich Musicals doch.

Hamburger Hummersuppe

Zutaten für 4 Personen:

1 Hummer (ca. 600 g)
300 ml Sahne
300 ml Kokosmilch
300 ml Gemüsefond
150 ml Weißwein
4 cl Cognac
1 Stange Staudensellerie
4 Schalotten
½ Fenchelknolle
6 Tomaten
1 Lorbeerblatt
10 Blättchen Basilikum
1 El gehackte Petersilie
2 Fädchen Safran
1 Zitrone
Speiseöl
Zucker
Salz, Pfeffer

Zubereitung:

Einen großen Topf mit gut gesalzenem Wasser füllen, aufkochen, den Hummer hineingeben und 5 Minuten lang darin kochen lassen. Eine Schüssel mit Eiswürfeln und kaltem Wasser füllen und den Hummer nach Ablauf der Kochzeit sofort darin abschrecken. Die Scheren entfernen und zurück ins Kochwasser geben, noch einmal 5 Minuten darin ziehen lassen. Das Fleisch aus Schalen und Scheren brechen und den Darm entfernen. Das Fleisch in mundgerechte Stücke schneiden und beiseitestellen, einen Teil der Schalen in Stücke brechen.

Die Tomaten mit siedendem Wasser übergießen, häuten, entkernen und in Würfelchen schneiden. Die Schalotten schälen und fein hacken. Sellerie und Fenchel putzen und in kleine Stücke schneiden. Die Zitrone auspressen.

In einem Topf etwas Speiseöl erhitzen und die Hummerschalen darin kräftig anbraten. Dann die Schalotten, den Sellerie und den Fenchel hinzugeben und mit anbraten. Mit dem Cognac ablöschen und diesen komplett verdampfen lassen, dann die Hitze reduzieren und Wein, Gemüsefond sowie Zitronensaft angießen. 5 Minuten lang ziehen lassen, dann die Kokosmilch hineinrühren, das Lorbeerblatt, die Tomaten und das Basilikum hinzugeben, salzen und pfeffern und das Ganze 1 ½ Stunden lang bei schwacher Hitze köcheln lassen. Im Anschluss die Sahne hinzugeben und weitere 30 Minuten ziehen lassen.

Anschließend durch ein feines Sieb passieren und die Flüssigkeit zurück in den Topf geben. Wieder auf den Herd stellen, den Safran und eine Prise Zucker hinzugeben, noch einmal mit Salz und Pfeffer abschmecken und danach mit dem Passierstab aufschäumen.

Das Hummerfleisch hinzugeben und 2 Minuten lang in der Suppe erwärmen. Die Suppe auf Tellern anrichten und mit etwas Petersilie bestreuen.

Mit frischem Baguette servieren.

Hummer werden lebend ins kochende Wasser gegeben, mit dem Kopf voran, damit das Tier nicht unnötig leidet. Eine, wie ich finde, nicht gerade erbauliche Prozedur. Man kann aber beim Fischhändler bereits vorgekochte Hummer kaufen. Unter Tierschutzaspekten und gemäß Verordnung durch das Tierschutzgesetz muss der Hummer vor dem Kochen betäubt werden, zum Beispiel mit einem kräftigen Schlag auf den Kopf. Danach gibt man ihn sofort in stark siedendes Wasser. Das kochende Wasser tötet das Tier in Sekundenschnelle.

Reden, wie der Schnabel gewachsen ist – das Ohnsorg-Theater

Ich habe gelesen, dass auch im Ohnsorg-Theater schon mal ein Musical aufgeführt wurde. Ohnsorg-Theater? Moment mal! Das kenne ich doch irgendwoher, aber nicht als Musical-Theater. Liefen nicht in meiner Kindheit regelmäßig Übertragungen aus dem Ohnsorg-Theater im Fernsehen? Die Zuschauer liebten sie, denn da gab es was zu lachen. Das Theater zeigte volkstümliche Stücke in plattdeutscher Mundart, die Figuren waren norddeutsche Originale und der Name des Theaters schien Programm zu sein: Keine Chance für die Sorgen!

Unbedarft wie ich war, hatte ich als Kind angenommen, der Name des Theaters sei deshalb absichtlich so gewählt worden. Aber das stimmte natürlich überhaupt nicht. Die wahre Geschichte sah ganz anders aus.

Es war einmal ein studierter Herr, der arbeitete als Bibliothekar in Hamburgs Bücherhallen. Sein Name lautete Richard Ohnsorg. Eines Tages, als Herr Ohnsorg nachdenklich die mit kostbarem Leder eingebundenen Folianten in den Regalen seiner Bücherei betrachtete, kam ihm eine Vision: Eine Theatergruppe müsste er gründen und mit dieser die klassischen Dramen in sprachlicher Perfektion zum Vortrage bringen! Um entsprechend eloquente Gesinnungsgenossen zu finden, gab Herr Ohnsorg eine Anzeige im Hamburger Fremdenblatt auf. Das geschah im Jahr 1902.

Schnell fanden sich bildungsbeflissene Interessenten, und gemeinsam gründeten sie die „Dramatische Gesellschaft". Mit verteilten Rollen lasen sie Werke von Gerhard Hauptmann oder Henrik Ibsen. Erst acht Jahre später sollte sich der Schwerpunkt ändern.

Es hatte sich nämlich so ergeben, dass sich unter den mit Ohnsorg verbundenen Literaturfreunden ein junger Mann namens Johann Wilhelm Kinau einfand. Dieser arbeitete als Buchhalter bei der „Hamburg-Amerikanischen Packetfahrt-Actien-Gesellschaft", besser bekannt als „Hapag", aber auch Kinau selbst ist heute unter einem anderen Namen weit besser bekannt. Wenn er seine Kontorbücher schloss, legte er den Bleistift nämlich keineswegs aus der Hand, sondern füllte mit dessen Hilfe andere Bücher. Er war Schriftsteller und wurde unter dem Pseudonym Gorch Fock berühmt.

Doch er hatte es sich zur Gewohnheit gemacht, seine Texte in Finkenwerder Platt zu verfassen. Erhalt und Pflege dieser Mundart bedeuteten ihm viel, und er konnte auch Richard Ohnsorg von seinen Ambitionen überzeugen. Fortan brachte die Theatergruppe überwiegend plattdeutsche Stücke zur Aufführung, und der Erfolg erwies sich als phänomenal. So wurde aus der mittlerweile in „Gesellschaft für dramatische Kunst" umbenannten Darstellertruppe schließlich die „Niederdeutsche Bühne". Ab 1922 gab es sogar ein eigenes Theater im Stadtteil Wandsbek, zuvor hatte man die Bühne des berühmten Thalia Theaters mitgenutzt.

Weitere zehn Jahre später geschah etwas, das die Niederdeutsche Bühne für die nächsten Jahrzehnte maßgeblich prägen und ihr ein Gesicht verleihen sollte. Eine junge Musikstudentin begleitete ihre Freundin zum Vorsprechen, und dabei wurde sie selbst so nachhaltig vom Theatervirus infiziert, dass sie ihr Studium an den Nagel hängte und fortan Theatergeschichte schrieb. Der Name dieser jungen Frau lautete Heidi Kabel. Sie war in Hamburgs Innenstadt an den Großen Bleichen aufgewachsen, und schon vier Jahre später zog auch das Theater in diese Straße um. Da hatte Heidi Kabel bereits ihren Kollegen Hans Mahler, den späteren Intendanten des Ohnsorg-Theaters, geheiratet. Bis 1970 sollte er Leiter des Theaters bleiben und somit eine entscheidende Epoche maßgeblich mitgestalten.

Denn das Jahr 1954 brachte eine Revolution. Im März wurde das Stück „Seine Majestät Gustav Krause" vom Deutschen Fernsehen übertragen. Erst zwei Jahre zuvor war der Fernsehbetrieb im Nachkriegsdeutschland wieder aufgenommen worden, für den Westen des Landes wurde das Programm in einem Hochbunker in Hamburg produziert. So kam es, dass die Hamburger Fernsehmacher die seit 1946 in Ohnsorg-Theater umbenannte Mundartbühne gut kannten und sich von einer landesweiten Ausstrahlung der Aufführungen einigen Erfolg versprachen. Sie verstanden natürlich auch den im Theater gesprochenen Dialekt.

Als Pioniere eines hochmodernen Mediums besaßen sie aber auch die Weitsicht, sehr wohl zu wissen, dass sich für alle Landsleute außerhalb des niederdeutschen Sprachraums gewisse Verständnisschwierigkeiten auftun würden. Für die Fernsehaufzeichnungen wurde deshalb ein „Plattdeutsch light" verwendet, das sogenannte „Missingsch". Dabei handelt es sich um eine mundartlich eingefärbte Variante des Standarddeutschen. Man kann es sich in etwa so vorstellen: Jemand, dessen Muttersprache Plattdeutsch ist, bemüht sich angestrengt, Hochdeutsch zu sprechen, kann aber bei der Betonung und bei der Verwendung einzelner spezifischer Vokabeln das Lokalkolorit nicht verbergen. Und dennoch wird er deutschlandweit verstanden und sorgt darüber hinaus mit seiner putzigen Sprache bei den Zuhörern für Vergnügen.

Mit diesem Erfolgsrezept zog das Ohnsorg-Theater in die deutschen Wohnstuben ein, und bis zum heutigen Tage kehrt es regelmäßig ins Fernsehen zurück. Seine Darsteller verkörperten stets das, was sich die Deutschen unter einem typischen Hamburger Original vorstellen, und so eroberten sie die Herzen der Republik. Neben Heidi Kabel war das natürlich insbesondere Henry Vahl, der mit seinem unvergleichlichen Charisma als „Opa der Nation“ zum Liebling eines Millionenpublikums aufstieg. Die Komödie „Tratsch im Treppenhaus“ mit Heidi Kabel und Henry Vahl, die erstmals 1962 ausgestrahlt wurde, hatte einen so legendären Erfolg, dass dieser bis heute nachwirkt und 2010 in eine dreiteilige Fortsetzung mündete. Als Henry Vahl 1977 starb, trauerte ganz Deutschland um ihn.

Erst dem sensationellen Siegeszug des Ohnsorg-Theaters auf den deutschen Mattscheiben ist es letztlich zu verdanken, dass andere ARD-Sender nachzogen und Mundarttheater aus ihren jeweiligen Regionen ins Fernsehen brachten. Auf diese Art erlangten sowohl der bayerische Komödienstadel Berühmtheit als auch der Kölner Mime Willy Millowitsch, der 1968 zusammen mit Heidi Kabel im Theaterstück „Die Kartenlegerin“ zwei mundartliche Pole äußerst erfolgreich zusammenführte. Die Übertragung in der ARD geriet zum Straßenfeger, als besonderes Schmankerl gab es dazu noch einen kurzen Auftritt des Wahlhamburgers Freddy Quinn. Er, der mit wehmütigen Seemannsschlagern zur Legende wurde und für viele den typischen Jungen aus St. Pauli verkörpert, war nämlich eigentlich Wiener.

Heidi Kabel stand 1998 mit 84 Jahren zum letzten Mal auf der Bühne und starb 2010. Vor dem neuen Haus des Ohnsorg-Theaters erinnert eine Bronzestatue an die beliebte Volksschauspielerin. Das Ohnsorg-Theater ist nämlich 2011 von den Großen Bleichen ins Bieberhaus am Hachmannplatz umgezogen, und letzterer wurde in „Heidi-Kabel-Platz“ umgetauft. Darüber hätte sich die resolute Mimin bestimmt gefreut. Sie setzte sich neben ihrem schauspielerischen Engagement auch für soziale Projekte ein, unterstützte unter anderem Flüchtlinge, Obdachlose, Waisenkinder und den Tierpark Hagenbeck. Die Annahme des Bundesverdienstordens lehnte sie jedoch ab. Damit folgte sie der Tradition der „Hanseatischen Ablehnung“, der zufolge die Bürger von Hamburg gemäß einem aus dem 13. Jahrhundert stammendem Beschluss die Annahme von „Auszeichnungen fremder Herren“ verweigerten. Viele Hamburger halten sich bis heute an diese Sitte, denn dem Hanseaten soll es Auszeichnung genug sein, dass er seine Pflicht nach bestem Gewissen erfüllt hat. Aus dem gleichen Grund hat übrigens auch Helmut Schmidt die Ehrung mit dem Bundesverdienstkreuz abgelehnt.

Aus Richard Ohnsorgs Traum ist mehr geworden, als er selbst wohl je für möglich gehalten hätte. Seine kleine, engagierte Laiengruppe hat sich zu einer deutschlandweit bekannten Bühne mit mehr als 100 Mitarbeitern entwickelt. Neben der Hauptbühne ist noch eine kleine Studiobühne entstanden, wo Stücke für Kinder und Jugendliche aufgeführt werden. Im „Großen Haus“ gibt es nach wie vor Mundarttheater, mitunter aber auch mal ein Rock-Musical. Natürlich „op Platt“.

Hanseaten

Zutaten:

300 g Mehl,
200 g Butter (kühlschrank-kalt)
250 g Puderzucker
1 Pck. Vanillezucker
1 Ei
1 unbehandelte Zitrone
3 El Orangenmarmelade
rote Lebensmittelfarbe
Mehl für die Arbeitsfläche

Zubereitung:

Die Butter würfeln und mit Mehl, 100 g Puderzucker, Vanillezucker und Ei zu einem geschmeidigen Teig verkneten. Zur Rolle formen, in Frischhaltefolie einwickeln und 2 Stunden in den Kühlschrank legen. Danach den Teig auf mehlbestäubten Arbeitsfläche 3-4 mm dick ausrollen und mit einem Schnapsglas o.ä. runde Kekse ausstechen.

Ein Backblech mit Backpapier auslegen, die Kekse drauflegen und im auf 200°C vorgeheizten Backofen 8-10 Minuten backen, bis sie goldgelb sind. Die Orangenmarmelade auf der Hälfte der noch warmen Kekse verstreichen, die andere Hälfte der Kekse oben auflegen. Vollständig abkühlen lassen.

Die Zitrone waschen, mit dem Zestenschneider hauchdünne Zesten abschälen und in kurze Streifen schneiden. Die Zitrone auspressen.

Den restlichen Puderzucker mit Zitronensaft zu festen Guss rühren. Die Gussmasse teilen und die Hälfte davon mit einem Klecks rote Lebensmittelfarbe färben. Die Oberseite der Kekse diagonal zur Hälfte mit dem rosa Guss, zur Hälfte mit dem weißen Guss bepinseln, mit den Zesten dekorieren.

Dora und die Aktivisten – vom Tanzpalais zur Roten Flora

„Dora – komm in die Flora!" Mit dieser Aufforderung läutete der Operettenkomponist Paul Linke an der Wende zum 20. Jahrhundert seinen Erfolgsschlager ein, der als „Flora-Marsch" bekannt werden sollte. Er beschwor damit ein Lebensgefühl herauf, das mit beschwingtem Amüsement die schönsten Momente der Nonchalance jener Epoche nachempfand.

Die Flora war der Ort, an dem sich Hamburgs Hautevolee einfand, um unbekümmerte Stunden in angesagtem Ambiente zu verleben. Das feine Veranstaltungshaus an der Altonaer Sternschanze bot neben Café, Gesellschaftssälen und Konzerthalle noch einen hochmodernen Anbau, den es im Jahr nach seiner Eröffnung 1889 erhielt. Kein Geringerer als Gustave Eiffel hatte diese wintergartenartige Konstruktion in der verspielten Bauweise des Jugendstils erschaffen, und sie diente während der Weltausstellung in Paris als Pavillon. Aus Schmiedeeisen und Glas erbaut, ließ sich die prächtige Halle leicht demontieren und im Garten des Konzerthauses wieder aufrichten, und so offerierte die Vergnügungsstätte Flora ihrem Publikum nun auch noch einen luftig-lichten „Crystallpalast".

Bei Musik und Tanz versuchte man hier, die Unbeschwertheit der glänzenden Belle Époque festzuhalten, auch als diese mit dem Ersten Weltkrieg längst ihren Todesstoß erhalten hatte. Noch in den Zwanzigerjahren des letzten Jahrhunderts entstand ein Varieté mit einem Sternenhimmel, den zahllose Glühlampen erhellten. Es besaß solch ein magisches Flair, dass es schnell zur Legende avancierte. Die großen Berühmtheiten der Zeit versuchten, ihrem Publikum jene Leichtigkeit wiederzubringen, die doch längst verlorengegangen war. Im Varieté der Flora traten die jungen Stars Zarah Leander, Johannes Heesters und Hans Albers auf, doch das Ende der Zwanzigerjahre brachte auch das Ende aller schönen Illusionen. In der Weltwirtschaftskrise ging die Flora in den Konkurs, die neue Geschäftsleitung tauschte Gesang und Tanz Anfang der Dreißigerjahre ganz im Sinne der aufkeimenden neuen Zeit gegen brachiale Ringkämpfe. Die vergnügte Ära der Flora fand endgültig ihr Ende.

Das Konzerthaus Flora wurde an einem Ort erbaut, der zuvor schon seit rund 50 Jahren als Vergnügungsstätte gedient hatte. Altona stand in den Dreißigerjahren des 19. Jahrhunderts noch unter dänischer Herrschaft, und weil sich gleich nebenan im noch unbebauten St. Pauli die Jahrmarktbuden zu mehren begannen, wollte man diesen einen eigenen Ausflugsgarten entgegensetzen. Platz genug gab es, denn unter der napoleonischen Herrschaft waren zu Beginn des Jahrhunderts die hier zuvor stehenden Gebäude abgebrannt worden.

Hinter diesen befand sich nämlich schon seit dem 17. Jahrhundert eine Sternschanzenanlage zur Verteidigung der Stadt Hamburg gegen den unbeugsamen Eroberungsdrang der Dänen. Diese Schanzenanlage hatten die Franzosen sich ihrerseits zu Nutzen gemacht und zur besseren Verteidigung davor ein freies Feld geschaffen. Nach ihrem Abzug entstand hier ein Sommertheater, und schließlich kam ein Vergnügungspark mit Karussells, Menagerie und Lustgartenanlage hinzu. Opernaufführungen, Possenspiele, Revuen und Feuerwerke stellten die Attraktionen des Parks dar, der seinen Namen von der italienischen Stadt Tivoli erhielt. Wegen der dortigen antiken Prunkgartenanlagen des Kaisers Hadrian und der prächtigen Renaissance-Wasserspiele gilt Tivoli nämlich als die Mutter aller Vergnügungsparks.

Der Erfolg des Altonaer Tivolis schien unaufhaltsam, deshalb entstand daraus schließlich das Konzerthaus Flora. Diesen Namen verdankte es dem Walfangschiff Flora, das zum Tanzlokal umfunktioniert am Elbufer ankerte. Seine Tage waren gekommen, wegen maroden Zustands musste es schließlich abgewrackt werden. Doch zumindest sein Name durfte nun mit dem neuen Konzerthaus weiterleben.

Die Flora überstand sogar die Bombenangriffe des Zweiten Weltkriegs, doch danach mochte sich die alte Stimmung unbeschwerten Vergnügens nicht wieder einstellen. Der Versuch, erneut ein Revuetheater zu starten, scheiterte kläglich, ein neu eingerichtetes Kino ging bald wieder pleite, und schließlich zog mit „Tausend Töpfe“ ein Ramschkaufhaus für Haushaltswaren und Technikartikel in die Flora ein. Das Dachgeschoss fiel übereifrigen Stylisten der Siebzigerjahre zum Opfer und mutierte ganz im Sinne des damaligen Zeitgeists zu einem Flachdach. Auch die ursprüngliche Idee der Flora schien damit endgültig ins Reich der Vergangenheit verwiesen zu sein. Alle immer wieder mal aufkeimenden Ideen für eine Wiederbelebung als Kulturstätte scheiterten an den viel zu hohen Kosten.

Da trat der Musical-Produzent Friedrich Kurz auf den Plan. „Cats“ hatte gerade bewiesen, dass im Musical-Bereich ein Riesengeschäft schlummerte, und Kurz kam dadurch eine zündende Idee. Für „Das Phantom der Oper“ wollte er eine eigene Spielstätte schaffen, die alte Flora schien dafür geradezu prädestiniert. Bei den zuständigen Behörden der Stadt Hamburg nickte man begeistert, und kurz darauf begannen Abrissarbeiten, um Platz für das neue Musicaltheater zu schaffen. Bis auf den historischen Eingangsbereich sollte alles andere dafür verschwinden.

Doch leider vergaß man, die Hamburger Bevölkerung im Vorfeld hierzu zu befragen. Rasch regte sich Empörung und steigerte sich bis zum Äußersten. Insbesondere befürchteten die Anwohner eine zunehmende Gentrifizierung, also steigende Mieten und damit einhergehenden sozialen Strukturwandel durch Kommerzialisierung im Schanzenviertel. Den wütenden Viertelbewohnern schlossen sich autonome Gruppen an, und zahlreiche Aktionen wie Platzbesetzung und Anschläge auf die Baustelle zermürbten Musical-Mann Kurz binnen kürzester Zeit. Er gab das Projekt auf und errichtete für sein Phantom die Neue Flora im Norden von Altona. Auch das war sehr umstritten, zur Premiere im Juni 1990 wurden 3.500 Polizisten aufgeboten, um die Gäste vor den aufgebrachten Demonstranten zu schützen.

Doch zumindest blieb einem Großteil des Gebäudes der alten Flora der Abriss erspart. Zu spät kam die Entscheidung allerdings für Gustave Eiffels Crystallpalast. Obwohl die gläserne Halle unter Denkmalschutz stand, riss man sie radikal ab. Und obwohl ursprünglich für die einfache Demontage und den Wiederaufbau konzipiert, hat man sie dabei zertrümmert und anschließend verschrottet. Der Ärger über die Willkür der Obrigkeit kochte deshalb in der Bevölkerung weiter. Und weil die Stadt offensichtlich nicht so recht wusste, was sie nun mit der Flora anstellen sollte, nahm eine Stadtteilinitiative die Sache kurzentschlossen selbst in die Hand. Im November 1989 wurde die Flora besetzt und in „Rote Flora“ umgetauft.

Die Stadt duldete zunächst zähneknirschend, dass die Initiative ein provisorisches Kulturzentrum in der Roten Flora einrichtete. Eine weitere Zuspitzung der angeheizten Stimmung und eine mögliche Eskalation sollte nach Möglichkeit vermieden werden. Die Aktivisten machten sich voller Enthusiasmus ans Werk und versuchten zunächst, eine nichtkommerzielle Begegnungsstätte für Menschen aller Altersgruppen und Bevölkerungsschichten zu erschaffen. Unter dem Motto „Flora für alle" sollte dabei nicht nur die linke Szene mobilisiert werden. Dennoch entwickelte sich das neue Kulturzentrum vor allem zu einem Treffpunkt für Linke, Alternative und Vorreiter kultureller Trends, die hier ohne kommerziellen Druck zusammenkommen und experimentieren konnten. Besonders die Avantgarde der Musikszene prägte die Identität der Roten Flora. Die Schanze stieg zum angesagten Szeneviertel auf.

Das Projekt, anstelle des Eiffel-Crystallpalasts und der abgerissenen Gebäudeteile 1991 einen Park anzulegen, scheiterte allerdings erbärmlich. Die gerade frisch gesetzten Pflänzchen wurden bei einer Schlacht zwischen den Besetzern und der Polizei plattgetrampelt. Statt einer Grünanlage errichtete die Stadt Sozialwohnungen, und die Auseinandersetzungen zwischen Besetzern und Polizei gerieten allmählich zur Alltagsroutine. Denn unter die Floristen mischten sich auch ein paar gewaltbereite Autonome. Immer wieder hat es Ärger gegeben, weil die Polizei verdeckte Ermittlungen gegen die Flora-Aktivisten durchführen ließ. Sie witterte hier nämlich immer ein Nest autonomer Gewalt.

So kam es 2007 im Rahmen des G8-Gipfels von Heiligendamm zur großangelegten Durchsuchung des Gebäudes durch die Bundesanwaltschaft, weil man in der Roten Flora die Keimzelle einer terroristischen Vereinigung vermutete. Der Verdacht konnte allerdings nicht erhärtet werden. Auch während des G20-Gipfels von 2017 stand die Rote Flora unter dem Verdacht, als Planungszentrum für die teils heftigen Ausschreitungen und Unterschlupf für gewalttätige Aktivisten zu fungieren. Wieder erhoben sich Stimmen und forderten die Schließung der Roten Flora. Es folgten hitzige Diskussionen mit gegenseitigen Vorwürfen, doch die Rote Flora blieb bestehen.

Als links-alternatives Zentrum stach sie den Behörden stets wie ein Dorn im Auge. Die Stadt versuchte deshalb schon 2001, das Problem loszuwerden, indem sie die Flora an einen Immobilieninvestor verkauften. Dieser gab zunächst vor, altruistische Motive zu haben, und garantierte das weitere Bestehen des Kulturzentrums Rote Flora. Mit der Zeit überlegte er es sich allerdings anders, zumal ihm angeblich ein Kaufangebot über 20 Millionen Euro vorlag. Wieder regte sich Empörung, wieder kam es zu heftigen Protesten. Die Stadt versuchte vergeblich, die Situation durch Rückkauf der Flora zu entschärfen.

Nun spitzte die Lage sich zu. Als die Zukunft der Flora im Dezember 2013 auf der Kippe stand, erschütterten etliche Demonstrationen ganz Hamburg. Nach eskalierenden Auseinandersetzungen vor der Roten Flora solidarisierten sich viele Menschen spontan mit den Flora-Aktivisten.

Die Lösung eröffnete sich schließlich erst, als die Staatsanwaltschaft 2014 ein Insolvenzverfahren gegen den Immobilieninvestor einleitete. Gleichzeitig sagten zwei Wachleute aus, dass dieser ihnen Geld geboten habe, um die Flora in Brand zu setzen. Nun gehört das bunt dekorierte Kult-Gebäude mit der schmuddelig-gelben Fassade wieder der Stadt Hamburg, das autonome Kulturzentrum bleibt erhalten. Die Flora ist weiterhin besetzt.

Wenn auch die Hafenstraße das berühmteste Symbol für den Widerstand durch die Hausbesetzerszene ist, so ist doch die Rote Flora das am längsten besetzte Gebäude der Bundesrepublik. Und wenn sie nicht gestorben ist, besetzt man sie noch heute.

Hamburger Dörrobstcreme

Zutaten für 4 Personen:

100 g getrocknete Apfelringe
100 g getrocknete Aprikosen
100 g Backpflaumen
500 ml lieblicher Weißwein
80 g brauner Zucker
300 g Quark (10 % Fettgehalt)
200 ml Sahne
2 Eiweiße
1 Vanilleschote
Mandelkrokant
Salz

Zubereitung:

Das Dörrobst zusammen mit dem Weißwein in einen Topf geben. Die Vanilleschote auskratzen und das Mark zusammen mit der ausgekratzten Schote hinzugeben. Aufkochen und dann bei milder Hitze köcheln lassen, bis kaum noch Flüssigkeit vorhanden ist. Danach die Vanilleschote entnehmen. Das Dörrobst mit dem Pürierstab zerkleinern, dann den Quark und den Zucker daruntermischen. Die Eiweiße mit einer Prise Salz sehr steif schlagen. Die Sahne separat ebenfalls steif schlagen und dann beides vorsichtig unter die Dörrobst-Quark-Masse ziehen.

2 Stunden lang im Kühlschrank durchziehen lassen und vor dem Servieren mit Mandelkrokant bestreuen. Gekühlt servieren.

Hamburg, meine Perle – auch die Dinosaurier des Fußballs sterben aus

Juni 2015. Eine Zitterpartie ist zu Ende gegangen, 13.000 Fußballfans fallen sich in der HSV-Arena erleichtert in die Arme. Alle eben noch so verzweifelte Anspannung löst sich in trunkener Seligkeit auf, förmlich hört man die Steine zu Boden plumpsen, die den Menschen von ihren Herzen fallen. Dann endlich, mit Tränen in den Augen, stimmen sie ihre Hymne an: „Hamburg, meine Perle".

Mal wieder war es nur haarscharf gut gegangen, nur ganz knapp konnte der HSV in der Verlängerung des Spiels gegen den Karlsruher SC den drohenden Abstieg in die 2. Liga noch abwenden. Es wäre eine Katastrophe gewesen: Die Uhr in der Hamburger Arena, mit der fortlaufend die Dauer der ununterbrochenen Zugehörigkeit des HSV zur 1. Bundesliga angezeigt wurde, hätte erstmals angehalten werden müssen. Und das nach 51 Jahren und 281 Tagen. Den Fans war es gleichgültig, dass eine Freistoßentscheidung des Schiedsrichters zu Gunsten des HSV höchst umstritten blieb, für sie zählte nur der Sieg.

Der „Dino" blieb an diesem Tag „unabsteigbar". Denn er stieg bis dahin niemals aus der 1. Bundesliga ab – und das seit deren Bestehen. Die Bundesliga gibt es erst seit der Saison 1963/1964, doch der HSV spielte sogar schon davor stets in

Deutschlands höchster Spielklasse, und zwar seit seiner Gründung im Jahr 1919. Er galt als ein wahrer Titan, und dass er sich seit 2010 in einer Abwärtsspirale befand, konnte doch eigentlich nur einer vorübergehenden Schwäche geschuldet sein. Alles wird wieder zu altem Glanz zurückkehren, da waren sich die Fans sicher. So wie die seit 2001 nach wechselnden Sponsoren benannte Heimspiel-Arena des HSV von Juli 2015 an auch endlich wieder ihren altbekannten und Legende gewordenen Namen „Volksparkstadion" tragen durfte.

Das Volksparkstadion fasst natürlich weit mehr Zuschauer als jene 13.000, die hier nach dem Sieg gegen Karlsruhe jubelten. Das Spiel selbst fand in Karlsruhe statt, im Altonaer Volksparkstadion gab es nur ein Public Viewing. Nach einem Umbau am Ende des vergangenen Jahrhunderts passen hier 57.000 Menschen hinein. Und das ist auch nötig, denn der HSV gehört zu den deutschen Mannschaften mit der höchsten Zuschauerzahl. Die ganz hartgesottenen Fans versammeln sich auf der Nordtribüne, wo auch die Bundesligauhr tickte. Und Stadionsprecher „Lotto King Karl" war es, der hier gemeinsam mit seinem Kollegen Carsten Pape die Fans zu höchster Euphorie aufpeitschte, wenn er von einem Kran aus seine Hymne „Hamburg, meine Fußballperle" durchs Stadion erklingen ließ. Sein Song heißt eigentlich „Hamburg, meine Perle" und ist eine Ode an die Hansestadt, doch erst die auf den HSV umgedichtete Fußball-Version machte das Lied zum Gassenhauer.

Nun spätestens kam der Moment, an dem sich andere die Ohren zuhielten und eine angewiderte Miene zogen. Erzrivalen des HSV sind Fans und Mannschaft des 1. FC St. Pauli, und wenn dieser auch nicht so erfolgreich wie der HSV ist, so existiert er zumindest schon neun Jahre länger. Seine sportliche Karriere ist wechselhaft und führt ihn von der ersten

Bundesliga über die zweite mitunter auch schon mal hinab in die Regionalliga Nord. Seine finanziellen Engpässe sind frappierend, doch immer wieder gelingt es engagierten Fans, ihren Verein mit einfallsreichen Aktionen über Wasser zu halten. Passend dazu stehen die Fans des FC St. Pauli im Gegensatz zu den Fans anderer Vereine in einer ausgeprägten Tradition politischen Engagements. Rassismus und Sexismus sind beim FC St. Pauli schon lange tabu. Der Kultstatus des Vereins reicht deutlich über seine sportlichen Leistungen hinaus. Angeblich können sich elf Millionen deutsche Fußballfans für den FC St. Pauli erwärmen, und der Verein ist trotz provinziellem Status weit über Deutschlands Grenzen hinaus bekannt. Vielleicht ist es der David-gegen-Goliath-Faktor, der Status als Underdog, der dem kleinen Verein gegenüber der finanzkräftigen Konkurrenz die Sympathien zufliegen lässt. Dieser Freibeutergeist spiegelt sich auch in der Fanflagge, die das Piratenemblem des Totenkopfs mit gekreuzten Knochen trägt.

Beim Hamburger Stadtderby treffen HSV und 1. FC St. Pauli aufeinander, was nicht allzu oft geschieht. Voraussetzung hierfür ist nämlich, dass auch beide Vereine in der gleichen Liga spielen. Deshalb gibt es immer wieder jahrelange Pausen zwischen den Begegnungen. Was, wie wir nun wissen, lange Zeit daran lag, dass der HSV aus der ersten Bundesliga scheinbar nicht wegzubekommen war, wohingegen St. Pauli der Aufstieg nicht gelingen wollte. Schließlich galt der HSV als Bundesliga-„Dino“. Deshalb ist auch seit 2003 der Dinosaurier „Hermann“ sein Maskottchen, und keineswegs der bronzene Fuß an der Sylvesterallee vor dem Volksparkstadion, wie man vielleicht denken könnte.

Dieser Fuß ist nicht zu übersehen, mit einer Länge von mehr als fünf Metern ist er ein wirklich kolossales Exemplar. Er gilt sogar als größte Fuß-Skulptur der Welt. Und es ist keineswegs irgendein Fuß. Es handelt sich vielmehr um eine originalgetreue Nachbildung im Maßstab 1:20 des vielleicht berühmtesten Fußes, der jemals regelmäßig im Volksparkstadion Bälle trat und vor allem durch seine Treffsicherheit bei Fallrückziehern zur Legende wurde: Es ist ein Abbild des rechten Fußes von Uwe Seeler.

Schon als Zehnjähriger wurde Uwe Seeler 1946 aktives Mitglied im HSV. In den Fünfziger- und Sechzigerjahren avancierte der klein gewachsene Mittelstürmer zu einem der größten Fussballstars der Welt. 1960 führte er den HSV mit aufsehenerregenden Toren zur deutschen Meisterschaft, und als er im darauffolgenden Jahr ein äußerst lukratives Angebot von Inter Mailand ablehnte und seinem HSV die Treue hielt, da hatte er die Herzen der Hamburger endgültig für sich erobert. Mit 30 Toren sicherte er sich 1964 den Titel des ersten Torschützenkönigs der neu gegründeten Fußball-Bundesliga, dreimal ist er Fußballer des Jahres gewesen. Seit Herbst 1954 gehörte er der deutschen Fußballnationalmannschaft an, seit 1962 sogar als ihr Kapitän.

Obwohl er mit ihr 21 WM-Spiele bestritt, war ihm der Sieg der Fußballweltmeisterschaft allerdings nicht vergönnt. Trotzdem gilt „uns Uwe“ weit über die Grenzen der Hansestadt hinaus noch heute nicht nur als Sinnbild des unaufhaltsamen, flinken Stürmers. Noch viel mehr genießt er den Ruf eines bodenständigen und geradlinigen Sportlers, dem Star-Allüren genauso fremd sind wie spielerische Unfairness. Nur ein einziges Mal in seiner bis 1972 dauernden aktiven Laufbahn erhielt Uwe Seeler die Rote Karte. Und auch danach fiel er weder durch Skandale noch durch Verstrickungen in unlautere Geschäfte oder Machtintrigen auf. Er wurde zum Ehrenbürger der Stadt Hamburg ernannt, zum Ehrenkommissar der Hamburger Polizei, zum Ehren-Schleusenwärter und zum Ehrenkapitän des Hamburger Museumssegelschiffs Rickmer Rickmers. Doch vor allem bleibt er ein ehrenwerter Dinosaurier des Fußballs.

Ganz im Gegensatz zum HSV. Die Katastrophe trat ein, nach 55 Jahren flog der Fußball-Dinosaurier im Frühjahr 2018 aus der 1. Bundesliga und gesellte sich zum FC St. Pauli in die 2. Spielklasse. Die Uhr im Volksparkstadion stand zunächst wie unter Schock still, 2019 wurde sie schließlich resigniert abgebaut. Und auch „Hamburg, meine Fußballperle" ertönt nun vorerst nicht mehr.

Grünkohlsuppe mit Räucheraal

Zutaten für 4 Personen:

800 g frischer Grünkohl
400 g geräucherter Aal
8 mittelgroße Kartoffeln
250 ml Sahne
250 ml Weißwein
3 Schalotten
60 g geriebener Parmesan
50 g Mehl, Speiseöl
Pfeffer
Salz

Zubereitung:

Die Kartoffeln schälen, würfeln und in kochendem Salzwasser garen, bis sie weich sind. Durch ein Sieb abtropfen lassen.

Den Grünkohl waschen, die dicken Rippen herausschneiden, den Kohl in dünne Streifen schneiden. Die Schalotten schälen und fein hacken. In einem Topf etwas Speiseöl erhitzen und die Schalotten darin glasig andünsten. Dann den Grünkohl hinzugeben, kurz mit rösten lassen und mit dem Weißwein und 800 ml Wasser ablöschen. Salzen und pfeffern, aufkochen und danach bei milder Hitze 1 Stunde lang köcheln lassen. Anschließend 4 El der Grünkohlstreifen herausnehmen, abtropfen lassen und beiseitestellen, den Rest in der Flüssigkeit im Topf mit dem Pürierstab zerkleinern.

Den Aal von Haut und Gräten befreien und in kleine Stücke zupfen. Das Mehl mit etwas von der Sahne im Schüttelbecher klumpenfrei vermischen, dann zusammen mit der restlichen Sahne und dem Parmesan in die Suppe einrühren. Noch einmal mit Salz und Pfeffer abschmecken. Kurz aufwallen lassen, die Kartoffeln hinzugeben und ein paar Minuten lang unter Rühren warm werden lassen. Zum Schluss die Aalstücke untermischen und mit den beiseitegestellten Grünkohlstreifen dekorieren. Mit kräftigem Graubrot servieren.

Von Heimat und Wahlheimat – Siegfried Lenz

Ehren-Schleusenwärter ist Uwe Seeler, was kann denn das bloß sein? Als ich mich darüber informierte, stieß ich auf den Namen eines Mannes, der sich selbst als „überzeugten Hamburger" bezeichnet hat. Und dabei denke ich selbst an eine ganz andere Gegend, wenn ich seinen Namen höre.

Ich war gerade 18 Jahre alt, als mir auf meinen ersten Exkursen zur eigenständigen Erforschung der deutschen Literatur ein Büchlein in die Hände fiel, das mich nachhaltig beeindruckte. Das Werk war damals fast 15 Jahre alt, und es handelte von den tolldreisten Schachzügen des Schwarzmarkthändlers Lehmann in der Zeit nach dem Zweiten Weltkrieg. Blauäugig wie Hans im Glück beginnt er mit geklauten silbernen Löffeln und „besorgt" schließlich sogar ein veritables Denkmal.

Am meisten, ich muss es gestehen, hat mich die eklig-makabre Geschichte von den in Alkohol eingelegten Tierpräparaten beeindruckt, die er kurzerhand durch einen Filter kippt und die gruselige Flüssigkeit hernach als Cognac deklariert an ein Bataillon der Alliierten für deren Siegesfeier verhökert. Die Pfiffigkeit, Skrupellosigkeit und der unermüdliche Erfindungsgeist der Strippenzieher dieses Schwarzmarktes scheinen insgesamt eine solide Grundlage für das sich entwickelnde deutsche Wirtschaftswunder gebildet zu haben.

Noch im gleichen Jahr hatte ich das Glück, selbst eine Lesung des Autors von „Lehmanns Erzählungen“ besuchen zu können. Anlass war die Vorstellung seines brandneuen Romans „Heimatmuseum“, von dem ich stolz ein signiertes Exemplar nach Hause trug. Dieses Buch entführte mich in die unbekannte Welt des ostpreußischen Masuren, das zwischen den Fronten des Zweiten Weltkrieges zermahlen wurde.

Neugierig geworden las ich ein weiteres Buch des Autors, eine Sammlung von Kurzgeschichten, die im gleichen Land spielten. Es war eine so eigentümliche wie liebenswerte Welt, voller Halunken und Schelme, die sich mit ihren kleinen Gaunereien und ihrer Bauernschläue mitunter selbst einen Streich spielten. Diese Geschichten waren so persönlich, farbenfroh und anschaulich erzählt, dass sie mich ganz in ihren Bann zogen. Es war die märchenhafte Welt einer unwiederbringlichen Vergangenheit. Das Büchlein hieß „So zärtlich war Suleyken“. Jede Zeile verriet es: Hier schrieb jemand, der von Wehmut angetrieben war, von Erinnerungen an eine sehnsüchtig geliebte und schmerzlich vermisste Heimat.

Der Autor hieß Siegfried Lenz. 1926 wurde er in Ostpreußen geboren, einer Heimat, die ihm der Zweite Weltkrieg nahm. Mit 17 war er zur Kriegsmarine eingezogen worden, kurz vor Kriegsende desertiert und nach britischer Kriegsgefangenschaft in Hamburg gestrandet. Hier studierte er Literatur, doch die trockene Wissenschaft empfand er als unbefriedigend. Als ein Mann des eigenen Wortes brach er sein Studium ab, begann ein Volontariat bei der Welt und brachte es dort dank seines blitzgescheiten Schreibstils schnell zum Redakteur. Rastlos schrieb er auch in seiner Freizeit, schon 1951 erschien sein erster Roman „Es waren Habichte in der Luft“. Der beachtliche Erfolg ermöglichte es ihm, sich als Schriftsteller selbständig zu machen.

Obwohl Lenz ein begnadeter Erzähler von Kurzgeschichten gewesen ist, gilt der 1968 erschienene Roman „Deutschstunde“ als sein bedeutendstes Werk. Denn hier verarbeitet er literarisch eines der wichtigsten Themen jener Zeit, das falsch verstandene, pervertierte Pflichtbewusstsein und die daraus erwachsende Schuld des Einzelnen während der Naziherrschaft in Deutschland. Die moralischen Erkenntnisse, die sich aufdrängende Identifikation des Lesers mit der Hauptfigur, dem Schüler Siggi, und die gelungene dichterische Form der Vergangenheitsbewältigung machten das Werk zur Standardpflichtlektüre für Generationen von Deutschschülern.

Siegfried Lenz betrachtete es als seine schriftstellerische Mission, die dunkle Vergangenheit Deutschlands aufzuarbeiten und zur Versöhnung mit den Völkern im Osten, insbesondere mit den Polen, sowie zur Solidarität mit Israel beizutragen. Damit lag er in einer Linie mit den anderen beiden großen Literaten Nachkriegsdeutschlands, Heinrich Böll und Günter Grass. Seine Intention war es, mit dem Leser einen Pakt zu schmieden und ihn so zu der gemeinsamen Überzeugung zu führen, dass es stets die Möglichkeit gibt, sich selbst zwischen richtigem und falschem Handeln zu entscheiden. Seine Erzählweise war üppig, gelassen und humorvoll, was ihm auch negative Kritik von jenen Rezensenten einbrachte, die einen moderneren, intellektuell spitzeren und schmaleren Schreibstil erwarteten. Doch gerade seine altmodische Belletristik macht Lenz beliebt bei Lesern, die nicht nur stilistisch und inhaltlich hochwertige Texte schätzen, sondern dabei auch noch gut unterhalten werden wollen. Siegfried Lenz ist einer der meistgelesenen deutschen Autoren überhaupt, die Gesamtausgabe seiner Werke umfasst um die 10.000 Seiten, seine Texte wurden in 30 Sprachen übersetzt und erzielten bisher eine Auflage von mehr als 25 Millionen.

Zusammen mit Günter Grass begleitete Siegfried Lenz im Jahr 1970 Willy Brandt nach Polen, als dieser dort den wegweisenden Warschauer Vertrag unterzeichnete. Bereits im Vorfeld hatte Siegfried Lenz sich für die damals umstrittene Ostpolitik des SPD-Kanzlers stark gemacht.

Eine langjährige, tiefe Freundschaft verband Lenz mit dem anderen großen SPD-Mann, Helmut Schmidt. Dieser war bereits ab 1983 Ehrenbürger seiner Geburtsstadt Hamburg. Siegfried Lenz musste 19 Jahre länger auf diese Verneigung seiner Wahlheimatstadt vor ihm als herausragendem Mitbürger warten. Schon 1976 hatte die Universität Hamburg ihn mit der Ehrendoktorwürde ausgezeichnet, und 2001 wurde er Ehrensenator der Universität. Außerdem hat Siegfried Lenz natürlich reihenweise Literaturpreise erhalten.

Doch die Annahme des Bundesverdienstkreuzes lehnte er in den Siebzigerjahren aus dem gleichen Grund ab, aus dem schon Heidi Kabel dankend verzichtet hatte: der „Hanseatischen Ablehnung". Es heißt allerdings, dass diese Begründung nur eine Ausrede war, um den Bundespräsidenten nicht zu brüskieren. Denn Lenz, der alle anderen Auszeichnungen gerne akzeptierte, wollte nicht in einer Reihe mit ehemaligen Nationalsozialisten stehen, die das Bundesverdienstkreuz ungeachtet ihrer Vergangenheit schon vor ihm erhalten hatten.

Bleibt noch die Sache mit dem Ehren-Schleusenwärter. Mit dieser Auszeichnung dekoriert die „Congregation der Alster-Schleusenwärter" Personen, die im übertragenen Sinne „die Schleusen für Hamburg öffnen". Berühmte Preisträger sind unter anderen auch Freddy Quinn, Rolf Zuckowski, Volker Lechtenbrink und James Last.

Siegfried Lenz starb im Oktober 2014 im Alter von 88 Jahren in Hamburg. Hier hatte er seine letzten Jahre in einer Seniorenresidenz an der Elbchaussee verbracht.

Schweinefilet Hamburger Art

Zutaten für 4 Personen:

600 g Schweinefilet
100 g Backpflaumen
60 g gewürfelter Speck
4 Zweige Thymian
250 ml lieblicher Rotwein
100 ml Sahne
30 g Mehl, 1 Apfel
50 g Butterschmalz
Rosenpaprika
Salz, Pfeffer

Zubereitung:

Die Pflaumen zerkleinern, mit dem Rotwein übergießen und 2 Stunden ziehen lassen. Danach durch ein Sieb abgießen, den Rotwein auffangen. Den Apfel schälen, entkernen und klein schneiden. Die Thymianblättchen abzupfen. In einer Pfanne den Speck auslassen, Apfelstücke, Pflaumen und Thymianblättchen hinzugeben und kurz braten. Mit Salz, Pfeffer und Rosenpaprika würzen. Das Schweinefilet längs an einer Seite aufschneiden. Salzen, pfeffern, mit Rosenpaprika würzen, die Apfel-Pflaumen-Speck-Mischung hineingeben. Mit Rouladennadeln zusammenstecken. Sollte etwas von der Füllung übrig bleiben, kann man das später zur Sauce geben. Butterschmalz in einer Pfanne erhitzen, das Schweinefilet ringsum gut anbraten. Mit dem Rotwein ablöschen, eventuell restliche Füllung hinzugeben, die Hitze reduzieren und die Pfanne mit dem Deckel verschließen. 20 Minuten schmoren lassen, danach das Schweinefilet herausnehmen und mit Alufolie abgedeckt beiseitestellen. Die Sahne mit dem Mehl verquirlen, an die Sauce gießen, unter Rühren kurz aufkochen. Mit Paprika, Salz und Pfeffer abschmecken. Das Filet von den Rouladennadeln befreien, schräg in Scheiben schneiden und mit der Sauce servieren.

Dazu passen Salzkartoffeln und grüne Bohnen..

Als Klein Erna mit der Zitronenjette den Aalweber traf – Hamburger Originale

Wenn man mich fragen würde, so hätte noch jemand anderes die Auszeichnung als Ehren-Schleusenwärter mehr als verdient. Denn diese Person gehörte zu den allerersten, die meinem kindlichen Bewusstsein die Vorstellung näherbrachten, dass es so etwas wie die Stadt Hamburg überhaupt gibt. Sie kam so naiv wie dusselig daher, so unerfahren wie treuherzig. In meiner Kindheit sorgte sie mit ihrer unverblümten Blödheit für herzerfrischendes Vergnügen. Dabei war sie zumindest in meiner Vorstellung selbst auch ein Kind, das verriet ja schon der Name: Klein Erna.

Die Hamburger Klein-Erna-Witze waren noch in den Sechziger- und Siebzigerjahren des letzten Jahrhunderts ausgesprochen populär. Sie verbanden die Vorstellung von einem typisch hamburgischen Original mit dem herrlichen Überlegenheitsgefühl, das sich bei der Erkenntnis einstellt, dass ein anderer womöglich noch blöder ist als man selbst. Diese Witze wurden in Missingsch vorgetragen, dem Pseudodialekt, der uns schon im Ohnsorg-Theater begegnet ist, und eigentlich hätte die Protagonistin selbst auch ganz gut ins Ensemble dieses Theaters gepasst.

Aber sie ist keine Schauspielerin gewesen, und ich war wirklich verblüfft, als ich erfuhr, dass die Figur der Klein Erna tatsächlich auf eine leibhaftige Person zurückgeht. Die sommersprossige Göre mit dem Kleidchen im Matrosenlook und den langen braunen Zöpfen aus meiner Fantasie bekam mit einem Mal einen Namen: Erna Nissen.

Sie stammte aus Niebüll in Nordfriesland und wurde zu einer unbekannten Zeit Anfang des vergangenen Jahrhunderts geboren, zog aber schon bald mit ihrer Familie nach Hamburg um. Die geheimnisumwobene Welt der Anekdoten weiß zu erzählen, dass Erna Nissen als kleines Mädchen ein Schiff taufen sollte, wobei aber unglücklicherweise die Sektflasche heil blieb. Die arme Deern hatte noch ein paar Brüder, und fies, wie sie waren, gingen diese mit Schwesterchens Malheur hausieren.

Sie waren nämlich Mitglieder bei den Alsterpiraten, Deutschlands ältestem Segelclub, einem elitären Verein an der Außenalster, der wirklich und wahrhaftig bis zum heutigen Tage nur männliche Mitglieder aufnimmt. Bekanntlich lästern Männer ja gerne, wenn sie unter sich sind, und so kam es, dass den anderen Alsterpiraten das Döntje von der kleinen Schwester Erna außerordentlich gut gefiel. Es gefiel ihnen sogar so gut, dass sie nach mehr verlangten, und so begannen sie, sich gegenseitig noch weitere Geschichten von Pleiten, Pech und Pannen der dusseligen kleinen Erna zu erzählen. Diese Schenkelklopfer waren natürlich frei erfunden, aber der armen Erna Nissen mögen sie trotzdem zu schaffen gemacht haben. Als sie 1958 starb, hatte sie Hamburg jedenfalls längst den Rücken gekehrt und lebte in Oberbayern.

Doch ihre Figur führte schon längst ein Eigenleben. Denn durch Mund-zu-Mund-Propaganda erlangte Klein Erna Berühmtheit in ganz Hamburg. Gerne machten sich die höheren gesellschaftlichen Schichten der Hansestadt mit diesen Witzen über die vermutete Borniertheit und Bildungsferne der Bewohner der armseligen Gängeviertel lustig. Bereits 1950 stellte eine Schriftstellerin die kursierenden Possen zusammen und gab sie als Buch heraus. Und spätestens, als 1969 der Film „Klein Erna auf dem Jungfernstieg“ mit Heidi Kabel und Heinz Erhardt in die Kinos kam, wurde Klein Erna bundesweit berühmt.

Damit gehörte sie endgültig zu den Hamburger Originalen und steht somit in der gleichen Tradition wie Hans Hummel, die Zitronenjette oder der Aalweber. Wer die beiden Letztgenannten sind, fragen Sie?

Die Zitronenjette hieß eigentlich Henriette Müller, wohnte im Gängeviertel bei St. Michaelis und lebte von 1841 bis 1916. Sie kam aus einfachen Verhältnissen, darüber hinaus war sie körperlich beeinträchtigt, nur 1,32 Meter groß und damit in einer ziemlich prekären Situation. Trotzdem ließ sie sich nicht unterkriegen und verdiente ihren Lebensunterhalt, indem sie Zitronen in Hamburgs Innenstadt verkaufte. Ihr lautstarker Ruf „Zitroon!“ war stadtbekannt und brachte ihr ihren Namen ein. Abends trieb sie sich auf dem Kiez von St. Pauli herum und setzte hier ihr mühsam erworbenes Geld in alkoholische Getränke um. Damit übertrieb sie es leider, und weil sie des Öfteren volltrunken aufgegriffen wurde, steckte man sie schließlich in eine Irrenanstalt. Dort verbrachte sie die letzten 22 Jahre ihres Lebens, obwohl sie unter gar keiner Geisteskrankheit litt.

Schon im Jahr 1900 gab es ein erstes Theaterstück, das sich mit dem Leben der Zitronenjette befasste, später kam das beliebte „Volksstück mit Musik“ des Hamburger Bühnenautors Paul Möhring hinzu. Hierbei wurde die Zitronenjette männlich besetzt, und später ergab sich daraus eine Paraderolle für Henry Vahl.

Auch der Aalweber betätigte sich im 19. Jahrhundert als Händler in Hamburg, allerdings verkaufte er ursprünglich selbstgebundene Bürsten. Das Geschäft lief aber wohl nicht so erfolgreich, wie er es sich gedacht hatte. Deshalb ließ er sich etwas Neues einfallen, zog auffällige Kleidung an, setzte sich einen witzigen Hut auf den Kopf und befestigte Blumen am Hut sowie an seiner knallroten Weste. Sodann nahm er einen Korb und füllte diesen mit Aalen, die er mitunter auch in Hagenbecks Fischhandlung in St. Pauli erwarb. Derart ausgestattet zog er durch Straßen und Kneipen, wobei er seinen Räucherfisch lauthals mit selbsterfundenen Versen anpries. Später verkaufte er die Aale auch aus einer Bude heraus auf Hamburger Volksfesten, trotzdem endete der Aalweber wie so viele andere schließlich im Armenhaus.

Das ist traurig, deshalb wollen wir uns von Klein Erna wieder etwas aufheitern lassen. Es gibt tausende von Variationen der klassischen Klein-Erna-Witze, sie bestehen meistens aus nicht mehr als zehn Sätzen, sind harmlos und kalauern ein bisschen altbacken herum. Zur Veranschaulichung und zu unserem Vergnügen habe ich zwei typische Beispiele herausgesucht:

Klein Erna ist mit ihrer Mama und dem kleinen Bruder Bubi zum Baden am Öjendorfer See. Weil der Bruder noch nicht schwimmen kann, ermahnt die Mama Klein Erna, Bubi immer gut an der Hand zu halten, wenn sie mit ihm ins Wasser geht. Nach einer Weile sieht die Mama, dass Klein Erna inzwischen weit draußen ist und ihr das Wasser schon bis zum Halse steht. „Wo is denn Bubi?", ruft die Mama erschrocken. Klein Erna ruft zurück: „Na, an meine Hand!"

Klein Erna ist mit dem Papa bei Hagenbeck, weil die Mama heute Pflaumen einkocht. Als sie bei den Kamelen sind, fragt Klein Erna: „Du, Papa, heiroden Kamele ook?" Darauf der Papa: „Nur Kamele heiroden!"

Großer Hans

Zutaten für 4 Personen:

400 g Mehl
250 ml Milch
125 g Butter (zimmerwarm)
125 g Zucker
3 Eier
1 Vanilleschote
1 Pck. Backpulver
100 g Rosinen
1 unbehandelte Zitrone
Semmelbrösel
Butter zum Einfetten
Salz

Zubereitung:

Die Zitrone waschen, den äußeren gelben Anteil der Schale abraspeln, dann die Zitrone auspressen. Die Eier in Eiweiß und Eigelb trennen. Die Butter mit dem Zucker in eine Schüssel geben und mit dem Mixer schaumig aufschlagen. Dann die Vanilleschote auskratzen und das Mark sowie Eigelb, Zitronenabrieb und Zitronensaft zu der Butter-Zuckermasse geben und erneut aufschlagen. Nun nach und nach die Milch, das Mehl und das Backpulver unterrühren. Die Eiweiße mit einer Prise Salz steif schlagen und zum Schluss zusammen mit den Rosinen unter den Teig heben.

Eine verschließbare Puddingform gut mit Butter ausfetten und danach mit Semmelbröseln ausstreuen. Den Teig hineinfüllen, die Form verschließen und in einen großen Topf mit siedendem Wasser stellen. Den Topf mit einem Deckel verschließen, Hitze reduzieren und den Pudding 1 ½ Stunden lang darin garen.

Danach herausnehmen, 15 Minuten lang ruhen lassen und anschließend aus der Form heraus auf eine Platte stürzen.

Mit Kirschkompott oder Zitronensauce servieren.

Alte Herren und bunte Blumen – ein Spaziergang durch Hamburg

Hamburg im Mai. Wir haben mal wieder Hochzeitstag, und mal wieder sind wir nach Hamburg gefahren. In diesem Jahr haben wir uns für ein Hotel am Rande der Speicherstadt entschieden. Mit einem Augenzwinkern stellt es sich als stilisiertes Seemannsheim dar und wirbt mit dem Slogan „ein Mädchen in jedem Hafen". Die unterschiedlich eingerichteten „Kojen" thematisieren jeweils reale Geschichten von verschiedenen Seeleuten, die nach eigenen Angaben „von Seemannsgarn zusammengehalten" werden.

Die Lage in der HafenCity lädt natürlich zu einem Spaziergang durch deren mondäne Viertel ein, zunächst entlang der Schanghaiallee und über den Brooktorkai, der an der Ericusspitze von den beiden Kastenbauten des Spiegel und des Ericus-Contors gekrönt wird. Die Brücke an der Poggenmühle führt über den Fleet, und hier eröffnet sich eins der beliebtesten Fotomotive der Speicherstadt: der Blick auf das „Wasserschloss", auch „Wasserschlösschen" genannt, zwischen Wandrahmsfleet und Holländischbrookfleet. Rechts und links davon drängen sich die hohen Backsteinbauten der alten Lagerhäuser zusammen, und im Hintergrund lugt die Elbphilharmonie vorwitzig über den Dächern hervor. Entlang der Fleete in der HafenCity gibt es zahlreiche Möglichkeiten zur Einkehr, doch wir schlendern weiter, betrachten die Segelyachten und die schicken Neubauten, bis wir am Sandtorkai ankommen, wo die Wilhelminenbrücke gerade hochgeklappt ist, um ein historisches Plattbodenschiff hindurchzulassen.

Über die Niederbaumbrücke spazieren wir weiter zur Elbpromenade, und an den Landungsbrücken verlassen wir das Elbufer, um den „Hamburger Berg" zu erklimmen. Hinter der Kersten-Miles-Brücke eröffnet sich ein weiteres Top-Fotomotiv, der berühmte Blick auf die St. Pauli-Landungsbrücken. Wir aber gehen weiter und gelangen in eine Grünanlage, den Alten Elbpark.

Mächtig erhebt sich hier die gut 34 Meter hohe Kolossalstatue des Bismarck-Denkmals. Mit grimmiger Miene stützt sich der Alt-Reichskanzler auf sein mächtiges Schwert, ganz wie ein Gralshüter aus alten Legenden. Bevor ich jetzt die Blasphemie begehe, an Indiana Jones und den letzten Kreuzzug zu denken, fällt mein Blick auf die muskelbepackten germanischen Heldengestalten, die sich zu Füßen Bismarcks herumdrücken. Das Ganze ist aus 100 massiven Granitblöcken erschaffen, die man eigens aus dem Schwarzwald herbeigewuchtet hat.

Dieser Bismarck ist ein typisches Beispiel für die gigantischen Denkmale, die im ausgehenden 19. Jahrhundert überall in Deutschland entstanden, um einerseits dem jungen deutschen Staat eine gemeinsame Identität zu stiften, aber andererseits auch, um ein erdachtes germanisches Heldentum zu glorifizieren. Wohin das mündete, wissen wir alle, und der 15 Meter hohe Innenraum des Kolossal-Bismarcks trägt mit einem abgerundeten goldenen Hakenkreuz in seiner Spitze noch immer Zeugnis davon. Unter dem 1906 fertiggestellte Denkmal wurden im Zweiten Weltkrieg Luftschutzräume ausgebaut. Ab 2020 wurde das Denkmal restauriert, im Zuge dessen entbrannten Diskussionen über die Denkmalwürdigkeit des umstrittenen Politikers.

Wir lassen Bismarck links liegen, verlassen den Alten Elbpark und überqueren den vielbefahrenen Millerntordamm. Auf dessen anderer Seite eröffnet sich eine neue Welt, eine stille Oase mitten im Herzen der Stadt: Planten un Blomen. Das heißt nichts anderes als „Pflanzen und Blumen" und ist ein ganz schön profaner Name für den 47 Hektar großen Park mit seinen herrlichen Anlagen, zu denen ein Rosengarten, Tropengewächshäuser, ein Apothekergarten und ein „Alpinium" gehören, an dessen künstlichen Berghängen früher einmal Alpenpflanzen gediehen. Außerdem gibt es hier den größten Japanischen Garten Europas.

Lange bevor Carl Hagenbeck Hamburgs zoologische Szene in seine Hand nahm, befand sich an dieser Stelle der Zoologische Garten Hamburg, dessen erster Direktor der legendäre Alfred Brehm gewesen ist. Meine Großmutter besaß eine Ausgabe der „Tierwelt nach Brehm" von 1958, die ich in meiner Kindheit akribisch zu studieren pflegte, um mir damit einen ersten grundlegenden Überblick über die Fauna unseres Planeten zu verschaffen. Es handelte sich um eine stark verkürzte Zusammenfassung des ursprünglich zehnbändigen Nachschlagewerks „Brehms Tierleben", das erstmals 1863 erschien und lange Zeit als populärwissenschaftliches Standardwerk der Zoologie galt.

Im gleichen Jahr übernahm Brehm die Leitung des neueröffneten Hamburger Zoos. Er sorgte dafür, dass dieser mit einer artenreichen Tiersammlung bestückt wurde, ein leichtes Spiel, denn der damals aufblühende Tierhandel verhalf dem Zoo zu einer umfassenden Auswahl. Das Meerwasseraquarium des Hamburger Zoos war das erste in ganz Deutschland. Doch schon nach wenigen Jahren verließ Brehm den Zoo im

Streit. Auch seine Nachfolger stießen ständig auf Probleme mit dem Verwaltungsrat, eine erfolgreiche und zukunftsweisende Leitung blieb so unmöglich. Und spätestens, als Carl Hagenbeck seinen Tierpark in Stellingen eröffnete, ging es mit dem Zoologischen Garten unaufhaltsam bergab. 1930 wurde er endgültig geschlossen, an seiner Stelle entstanden ein Rummelplatz und ein Vogelpark. Auch das empfanden die Hamburger als nicht besonders befriedigend, und deshalb gestaltete man das Terrain Mitte der Dreißigerjahre für die Niederdeutsche Gartenschau völlig neu. So entstand „Planten un Blomen".

Dem ehemaligen Zoogelände fügte man noch einen Teil der alten Dammtorfriedhöfe hinzu, die seit Beginn des letzten Jahrhunderts nicht mehr genutzt worden waren. Ursprünglich hatten sie als Begräbnisstätte außerhalb der Stadtmauern gedient, doch 1877 löste sie der neu angelegte Friedhof Ohlsdorf ab. Der bietet mit satten 391 Hektar Fläche ausreichend Platz für die Toten von Hamburg und ist mit seinen alten Bäumen, Gräberfeldern, Wasserläufen, Teichen und Gartendenkmalen heute nicht nur der weltweit größte Parkfriedhof, sondern auch eine Besucherattraktion, besonders zur Zeit der Rhododendronblüte.

Aber zurück zu Planten un Blomen. Hier entdecken wir ein fünfeinhalb Meter hohes Reiterstandbild von Kaiser Wilhelm I. in vollem Ornat, das ursprünglich einmal auf dem Rathausplatz gestanden hatte. Aber dort musste es den demokratischen Idealen der Weimarer Republik als unpassendes Relikt einer vergangenen Zeit weichen.

Überall im Park kann man auch modernere Kunstwerke finden, außerdem lauschige Winkel und Plätze, an denen die Hamburger ihre Seele baumeln lassen. Rund um den Park reihen sich repräsentative Verwaltungsgebäude aus der Zeit der vorletzten Jahrhundertwende, außerdem das Museum für Hamburgische Geschichte, Gerichtsgebäude, die Untersuchungshaftanstalt sowie die historischen Bauten der Bucerius Law School. Am Parksee ist eine imposante Wasserorgel installiert, von Mai bis September gibt's hier allabendlich Wasserkonzerte mit Lichtspielen und Musik. Und für die Kleinen bietet Planten un Blomen gleich mehrere große Spielplätze, am Café Seeterrassen können sie sogar auf Ponys reiten und in der Töpferstube im Süden des Parks kostenlos das Töpfern erlernen. Außerdem ist da noch die riesige graue Fläche der Rollschuhbahn, aber wer fährt heutzutage schon noch Rollschuh? Jetzt schnallt man sich hier seine Inline Skater unter oder stellt sich aufs Longboard. Im Winter wird die ganze Fläche geflutet und gefroren, dann ist sie mit 4.300 Quadratmetern eine der größten Kunsteisbahnen der Welt, und das auch noch bei freiem Eintritt.

An einem idyllischen Pfad zwischen hohen, prächtig blühenden Rhododendren haben wir ein verborgenes Plätzchen mit einer Bank gefunden, auf der wir uns erst einmal ausruhen. Hätte ich doch bloß meine Wanderschuhe angezogen, wir haben eine ganz schöne Strecke zurückgelegt und nun schmerzen meine Füße. Aber da hilft nichts, wir müssen ja wieder zurück. Über die arkadengesäumten Colonnaden führt uns der Weg quer durch die Neustadt bis zum Jungfernstieg, der historischen Flaniermeile an der Binnenalster.

Der Jungfernstieg ist übrigens die allererste Straße Deutschlands, die eine Asphaltdecke erhielt, und zwar schon 1838. Die eleganten Alsterarkaden führen von hier aus am Alsterfleet entlang, aber das wäre jetzt ein Umweg für uns, und meine Füße tun ja ohnehin schon weh. Natürlich hätte ich mir im traditionsreichen Alsterhaus neue Schuhe kaufen können. Das Warenhaus wurde schon 1912 eröffnet und ist auf exklusive

Waren spezialisiert. In den Schaufenstern locken dementsprechend Produkte der namhaften Designer. Ich bezweifle, dass ich in Pumps von Armani besser laufen könnte, und setze meinen Weg seufzend fort.

Vom Ballindamm aus werfen wir noch einen Blick auf die hohe Alsterfontäne und betrachten die flachen Alsterschiffe, die hier auf ihren Rundfahrten herumcruisen. Weiter geht es entlang des Alstertors, und mit einem Mal stehen wir vor der klassizistischen Fassade des Thalia Theaters. Ehrfürchtig blicken wir an den Säulen über dem Hauptportal empor. Wir sind ganz offensichtlich an einem Tempel der Hochkultur angekommen!

Pannfisch

Zutaten für 4 Personen:

600 g gebratener Seefisch (weiße Filets, traditionell werden Reste verwendet)
800 g Kartoffeln
2 Zwiebeln
100 g geräucherter Speck in Würfeln
30 g Butterschmalz
250 g Sauerrahm
Saft von ½ Zitrone
2 El mittelscharfer Senf
2 El körniger Senf
1 Tl Zucker
Salz, Pfeffer

Zubereitung:

Die Kartoffeln in der Schale garen, pellen, abkühlen lassen und dann in Scheiben schneiden. Den Fisch in mundgerechte Stücke schneiden, eventuell vorhandene Gräten entfernen. Die Zwiebeln schälen und würfeln.

Butterschmalz in einer Pfanne erhitzen und die Speckwürfel darin glasig auslassen. Die Kartoffeln hinzugeben und knusprig braun werden lassen. Dann die Zwiebelwürfel hinzufügen, leicht anbraten und zum Schluss den Fisch mit in die Pfanne geben und kurz rundum mitbraten. Mit Salz und Pfeffer würzen. In einem kleinen Topf den Sauerrahm erhitzen, aber nicht aufkochen. Senf, Zucker und Zitronensaft einrühren und mit Salz und Pfeffer abschmecken.

Bratkartoffeln und Fischstücke auf Tellern anrichten und mit der warmen Senfsauce übergossen servieren.

Drei Juden und eine griechische Göttertochter – das Thalia Theater

Diese Geschichte beginnt mit einem jungen Franzosen. Seine Eltern waren jüdische Kaufleute in Agen, einer Provinzstadt im Süden des Landes. Vor mehr als 2.000 Jahren hatte hier einmal eine große Schlacht zwischen den Römern auf der einen Seite und einigen Horden von unbezähmbaren Germanen und Kelten auf der anderen stattgefunden, wobei die Römer den Kürzeren zogen. Das ließen sie freilich nicht auf sich sitzen, und so kamen sie rund 50 Jahre später zurück, angeführt vom wild entschlossenen Julius Cäsar. Agen fiel und wurde römisch, und danach passierte eigentlich nicht mehr viel.

So kam es, dass es in Agen vor 200 Jahren vielleicht ein bisschen langweilig gewesen sein mag. Die einzige Besonderheit des Ortes stellten die gigantischen Pflaumenplantagen dar, die ihn umgaben. Diese vormals exotische Frucht hatten Kreuzritter im 11. Jahrhundert aus dem Orient mit zurück nach Agen gebracht. Die Pflaumenbäume gediehen geradezu prächtig im dortigen Klima und brachten daher reichliche Ernte.

Was sollte man bloß mit den ganzen Früchten tun? Sicher, man hätte prima Sliwowitz daraus brennen können, aber die pfiffigen Mönche aus dem Kloster im nahegelegenen Tal hatten noch einen andere Idee: Sie waren die ersten

Menschen überhaupt, die auf die Idee kamen, Pflaumen in Dörrobst zu verwandeln. Noch heute gilt Agen als Metropole der Backpflaume, und inzwischen spielt man hier auch noch sehr erfolgreich Rugby. Deshalb ist es heute vielleicht gar nicht mehr so langweilig in Agen, aber das konnte vor 200 Jahren noch niemand wissen. Damals gab es nur die Trockenpflaumen, und wir wissen ja schon, in welcher anderen Stadt diese außerdem noch besonders beliebt sind.

Jedenfalls machten sich die Eltern des Buben, mit dem unser Ausflug nach Südfrankreich begann, eines Tages auf den Weg nach Hamburg, um sich dort niederzulassen. Sie pachteten ein Ausflugslokal in St. Georg, das den Namen „Tivoli" trug, und worauf damit angespielt wird, wissen wir auch. Es gab folglich gleich neben dem Biergarten eine Bühne, auf der tanzende Bären, Akrobaten und Possenreißer das Publikum unterhielten. Unser junger Mann, er hieß übrigens Chéri Maurice Schwartzenberger, fand hier seinen beruflichen Einstieg, indem er sich als Conférencier betätigte.

Das jedoch reichte ihm schon bald nicht mehr aus, und so begann er, selbst Theaterstücke zu schreiben und auf der kleinen Bühne aufzuführen. Besonders erfolgreich waren seine Mundartstücke – damals gab es ja noch kein Ohnsorg-Theater. Aber er ließ auch Stücke anderer Autoren aufführen, und sein Ensemble wurde mit der Zeit immer professioneller. Das trug ihm den Respekt des Chefs vom Hamburger Stadttheater ein, und jener verhalf ihm zu einer eigenen Theaterkonzession. An solche Konzessionen zu kommen war damals nämlich gar nicht einfach, denn neue Lizenzen wurden nicht erteilt. Doch eine Lizenzhalterin hatte gerade beim Großen Brand von 1842 ihr Leben verloren, sodass ihre Lizenz nun zur Verfügung stand. Dieser katastrophale Brand – das nur am Rande – brach in einer lauen Mainacht im Nikolaiviertel aus, griff schnell um sich und verwüstete mit einer länger als drei Tage währenden Feuersbrunst mehr als ein Viertel des gesamten Stadtgebiets. Es heißt, dass der Feuerschein des Großen Brandes noch in 50 Kilometern Entfernung von Hamburg den Horizont des Nachthimmels erhellte.

Aber zurück zu Chéri Maurice. Als stolzer Besitzer einer Theaterkonzession beantragte er nun beim Senat der Stadt die Genehmigung für den Neubau einer Aufführungsstätte innerhalb des Stadtgebiets. Hier gab es aber bereits das Hamburger Stadttheater in der Dammtorstraße, und diesem wollte der Senat ungern das Wasser abgraben. Deshalb machte man Maurice die Auflage, auf seiner neuen Bühne ausschließlich Komödien zu spielen, die ernsthafte Theaterkunst sollte dem Stadttheater vorbehalten bleiben. Maurice zuckte mit den Achseln und beschloss, aus der Not eine Tugend zu machen.

Deshalb benannte er sein neues Haus am Alstertor nach einer der neun Musen der griechischen Mythologie, einer gutgelaunten Tochter des Zeus. Deren Name bedeutet so viel wie „die Blühende“, und sie stieg zur Muse der Komödie auf: Thalia. Die heitere Unterhaltung im Thalia Theater fand großen Anklang bei der Bevölkerung. Schließlich lagen sowohl Kino als auch Fernsehen noch in weiter Ferne, die Abende im Thalia Theater boten folglich beliebte Highlights im öden Alltagsleben der Hamburger.

Über viele Jahrzehnte hinweg leitete Chéri Maurice sein Theater sehr erfolgreich, doch als er schließlich nach 50 Jahren aus Altersgründen seinen Abschied nahm, gab es keinen geeigneten Nachfolger. So kam es, dass das Thalia Theater 1894 unter der Leitung des Intendanten Bernhard Pollini mit der Hamburger Oper und dem Stadttheater fusionierte. Pollini war ebenfalls jüdischer Abstammung, als ausgebildeter Bariton stieg er zu einem der größten Operndirektoren seiner Zeit auf.

Es gelang ihm, die meistumjubelten Sänger und Musiker zu engagieren, er gewann Gustav Mahler dauerhaft als Dirigenten und ließ für Gastspiele die großen Stars des Musikhimmels jener Tage einreisen. Koryphäen wie Giacomo Puccini oder Peter Tschaikowski dirigierten ihre Werke bei Aufführungen in Hamburg höchstpersönlich.

Das alles war sensationell und garantierte volle Spielhäuser. Das alte Thalia Theater wurde zu klein, um dem Andrang standzuhalten, deshalb errichtete man 1912 einen Neubau direkt gegenüber auf der anderen Seite des Alstertors. Hier trat die Crème der Darstellerzunft jener Zeit auf die Bühne. Zum Ensemble gehörte der legendäre Charakterdarsteller Peter Lorre, der durch seine Rolle als Kindermörder in Fritz Langs „M" zu Weltruhm gelangte und später seine Karriere in Hollywood fortsetzte. Auch Lorre war jüdischer Abstammung, er emigrierte bereits 1933 nach Amerika mit den Worten: „Für zwei Mörder wie Hitler und mich ist in Deutschland kein Platz."

Die Zeit des Nationalsozialismus nahm dem Thalia Theater nicht nur diesen grandiosen Schauspieler, es verlor auch sein Gebäude, das den Bombenangriffen im Zweiten Weltkrieg zum Opfer fiel. Erst 1960 konnte es nach dem Wiederaufbau erneut eröffnet werden, jetzt mit zeitgemäßer Ausstattung im pragmatischen Stil der Nachkriegsmoderne.

Und weil die Zeit der Bindung an die Komödie schon lange Geschichte war, verschrieb man sich nun im Thalia Theater modernen Interpretationen der Theaterkunst. Avantgardistische Regisseure wie Peter Zadek und Jürgen Flimm brachten neuen Wind auf die Bretter, die die Welt bedeuten, und so gedieh das Thalia Theater zum Trendsetter der weltweiten Schauspielszene. Heute ist es eine Institution und gilt als das wirtschaftlich erfolgreichste deutsche Sprechtheater. Zu den rund 20 Produktionen, die ständig auf dem Spielplan stehen, gehören neben Stücken progressiver Gegenwartsautoren auch die altbekannten Klassiker von Ibsen bis Shakespeare sowie Romanadaptionen und andere Projekte. Hier kann man es sich erlauben, dem Publikum beide Teile von Goethes Faust als achtstündigen Marathon zuzumuten, hier kann man es wagen, mit multikulturellen Experimenten Zeichen zu setzen. Thalia-Produktionen werden weltweit zu Gastspielen eingeladen. Das Thalia Theater ist ohne Zweifel eines der tonangebenden und richtungsweisenden Häuser unserer Zeit.

Und das alles, weil eines Tages ein jüdischer Junge aus Südfrankreich nach Hamburg kam, mit ein paar Backpflaumen als Proviant...

Hamburger Schmalzgebäck

Zutaten:

500 g Mehl
100 g Zucker
250 ml Milch
1 Ei
50 g Butter (zimmerwarm)
1 Würfel Hefe
1 Tl Salz
1 Tl dünn abgeriebene Schale einer unbehandelten Zitrone
reichlich Frittierfett
Puderzucker
Mehl für die Arbeitsfläche

Zubereitung:

Die Milch lauwarm erhitzen, den Zucker einrühren und sodann die Hefe hineinbröckeln. 10 Minuten abgedeckt stehenlassen, anschließend Butter, Ei, Salz und Zitronenschale hinzugeben und das Mehl nach und nach zufügen. Dabei ständig mit einem Holzlöffel rühren, bis ein glatter, feuchter Teig entstanden ist, der Blasen schlägt und sich vom Löffel löst. Abgedeckt an einem warmen Ort 30 Minuten lang gehen lassen.

Nun mit den Händen durchkneten. Sollte der Teig noch an den Fingern kleben, muss man etwas Mehl hinzugeben, der Teig soll jedoch nicht trocken werden. Die Arbeitsfläche mit Mehr bestäuben und den Teig darauf etwa 5 mm dick ausrollen. Dann in etwa 2 cm^2 große Quadrate ausschneiden. Das Frittierfett in der Fritteuse oder in einem großen Topf auf 170°C erhitzen und die Teigstücke darin ca. 4–5 Minuten lang goldbraun ausbacken. Auf Küchenkrepp entfetten und sofort ringsum in Puderzucker wälzen.

Herr der Brücken – Wege übers Wasser und hoch durch die Luft

Wohin man sich auch wendet, überall sind Brücken. In der Einführung hatte ich es bereits kurz erwähnt, die Hansestadt übernimmt weltweit eine Führungsposition, was die Zahl der Brücken im Stadtgebiet angeht. Lange Zeit wusste man nicht so genau, wie viele Brücken es tatsächlich sind, nur dass es wohl an die 2.500 sein mussten. Im Jahr 2020 ist dann im Auftrag des NDR tatsächlich ein Brückenexperte losgezogen und hat die Brücken gezählt. Eine Sisyphusarbeit, doch im ersten Jahr der Corona-Pandemie hatte man ja mangels anderer Betätigungsmöglichkeiten hinlänglich Zeit. Sven Bardua, so hieß der Mann, ermittelte exakt 2.496 Brücken, und damit haben wir jetzt endlich eine präzise Angabe, auch wenn ständig an Brücken herumgebaut wird, manche Brücken verschwinden, andererseits wieder neue entstehen. Die Zahl ist also nur eine Momentaufnahme.

Knapp die Hälfte der Brücken sind Straßen- und Fußgängerbrücken, ein Gutteil der übrigen sind Hafenbrücken, der Rest entfällt auf Eisenbahn- und Hochbahnbrücken. Und die Tatsache, dass auch New York über mehr als 2.000 Brücken verfügt, relativiert sich schnell, wenn man bedenkt, dass die Metropole am Hudson von knapp 8,5 Millionen Menschen bewohnt wird und sich auf einer Fläche von gut 1.200 Quadratkilometern ausdehnt, wohingegen Hamburg „nur" rund 1,9 Millionen Einwohner hat und 755 Quadratkilometer für sich beansprucht.

Hamburg liegt an der Elbe und ist eine wichtige Hafenstadt. Klar, da spielt Wasser natürlich eine herausragende Rolle. Aber warum braucht man so viele Brücken? Die Antwort findet sich in den Fleeten, die Hamburgs Innenstadt durchziehen wie die Adern einen Organismus. Zwei Flüsse münden hier in die Elbe, Alster und Bille. Beide haben sich in ihrem Mündungsbereich in viele kleine Arme aufgeteilt, und mit dem Aufstauen der Alster kamen noch weitere Fleete als Überlaufgräben hinzu. Schon lange Zeit wurden diese Wasserläufe zur Entwässerung des Stadtgebietes genutzt, außerdem ließen sie sich auch prima als Verteidigungsgräben nutzen.

Doch die Fleete brachten noch weitaus größere Vorteile mit sich. Man konnte zum einen ganz komfortabel die Waren auf Booten bis ans Haus heranschippern, zum anderen konnte man Unrat und Fäkalien kurzerhand ins Wasser entsorgen, und weg war der Dreck. Außerdem ließ sich auch gleich Wasser für den Hausbedarf entnehmen, und dabei machte man sich recht wenig Gedanken darüber, dass ein Stück weiter fleetaufwärts der Nachbar soeben seinen Nachttopf aus dem Fenster hinaus ausgeleert hatte.

Die wohlhabenden Händler bauten ihre Wohnhäuser deshalb aus praktischen Erwägungen direkt an die Fleete, die Vorderfront lag zur Straße hin, die Rückseite des Hauses hingegen grenzte ans Fleet. Weil die Wohnhäuser meist auch gleichzeitig als Lagerhäuser dienten, konnten die Händler ihre Waren hier bequem anliefern lassen und behielten stets alles unter Kontrolle.

Die Fleete waren früher nicht durch Schleusen geschützt. Bei Niedrigwasser fielen sie teilweise trocken, während die

Flut wieder Wasser in sie hineindrückte. Das Wasser brachte Schlamm und Schwebstoffe mit, und zusammen mit dem Unrat der Anwohner sorgte das dafür, dass die Fleete allmählich verschlickten. Um dem entgegenzuwirken, gab es den Berufsstand der Fleetenkieker, so eine Art Straßenfeger zu Wasser. Ihre Aufgabe war es, den Dreck aus den Fleeten zu schöpfen und diese schiffbar zu halten. Als Fleetenkieker bezeichnete man auch arme Leute, die unter prekären Umständen lebten und versuchten, dem Abfall in den Fleeten noch etwas Brauchbares abzuringen. Heute hat ein gemeinnütziger Verein die undankbare Aufgabe der Fleetreinigung übernommen, denn wenn auch natürlich längst niemand mehr den Inhalt seiner Toilettenschüssel ins Fleet kippt, sammelt sich hier doch mit der Zeit das eine oder andere an. Nach der schrecklichen Sturmflut von 1962 hat man die Fleete mit Schleusen versehen, sodass sie bei zu hoch auflaufendem Wasser verschlossen werden können.

Zahlreiche kleinere Fleete sind im Laufe der letzten beiden Jahrhunderte zugeschüttet worden. Sie nahmen die Überreste der zerstörten Häuser nach dem Großen Brand von 1842 und die Trümmer zerbombter Gebäude aus dem Zweiten Weltkrieg auf. Dennoch gibt es noch eine stattliche Anzahl von Fleeten in Hamburg, und man kann die Wasserstraßen der Stadt bei einer beschaulichen Fleetenfahrt erkunden. Die Fleetboote sind ganz flach, damit sie unter den zahllosen Brücken hindurchpassen, denn die Brücken der Innenstadt verlaufen meist auf einer Ebene mit dem Straßenniveau.

Ganz anders ist da die spektakuläre Brücke, die jedem Besucher der Hansestadt schon von weitem ins Auge fällt: Die Köhlbrandbrücke hebt die Straße mit atemberaubendem Schwung – je nach Wasserstand – rund 53 Meter in die Höhe hinauf und spannt sich scheinbar schwerelos über den 325 Meter breiten Köhlbrand, einen Arm der Elbe. So fügt sie sich wie ein konsequentes Highlight der Skyline stilecht zwischen den gigantischen Kränen und den 200 Meter hohen Windrädern im Hamburger Hafen ein.

Mithilfe dieser Brücke werden die östliche und die westliche Seite des Hafens an das jeweils gegenüberliegende Verkehrsnetz angeschlossen. Für den normalen Autoverkehr spielt sie hingegen nur eine untergeordnete Rolle. Zwar nutzen etwa 30.000 Fahrzeuge sie tagein, tagaus, jedoch hauptsächlich, um Waren von den Containerterminals hin- und herzutransportieren. Für Fußgänger, Radfahrer und Mofas ist die Köhlbrandbrücke gesperrt.

Sie ist 3,6 Kilometer lang, davon entfallen 520 Meter auf die Hauptbrücke bei einer längsten Stützweite von 325 Metern. Bei ihrer Fertigstellung 1974 galt die nach dem Schrägseilprinzip konstruierte Köhlbrandbrücke mit ihren 135 Meter hohen Stahlpylonen als ingenieurtechnischer Geniestreich.

Doch all die beeindruckenden Zahlen können nicht darüber hinwegtäuschen, dass die Köhlbrandbrücke nach gut 40-jährigem Einsatz nicht mehr als zeitgemäß gilt. Die Schiffe werden beständig größer, die Durchfahrtshöhe der Köhlbrandbrücke reicht dafür oft nicht mehr aus. Denn je nach Wasserstand schwankt die Höhe um ein paar Meter. Kommt ein richtig großes Containerschiff, dann müssen der Kapitän, der zuständige Wart vom Hamburger Hafen sowie der Lotse erst einmal anfangen, zu rechnen. Sie ermitteln dann exakt die tidenabhängige Zeit, zu der das Schiff unter der Brücke hindurchfahren kann, und manchmal muss sogar noch ein Radarmast umgeklappt werden, damit die Brücke auch wirklich nicht touchiert wird. Und als wenn das nicht schon lästig genug wäre, gibt es mittlerweile auch Schiffe, bei denen alles Rechnen nicht mehr hilft. Sie sind einfach zu hoch und können deshalb den Containerterminal in Altenwerder nicht anlaufen.

Für sie gibt es nur zwei Möglichkeiten: Entweder sie laufen einen der anderen Großterminals von Hamburg an, oder sie warten. 2030 soll die Köhlbrandbrücke nämlich ersetzt werden. Zunächst hieß es, dass es eine neue Brücke geben solle, die es dann auf durchschnittliche 72 Meter Durchfahrtshöhe bringen würde. Inzwischen ist ein Tunnel mit zwei Ebenen zur Querung des Köhlbrands vorgesehen. Das freilich wird auch das Ende für die Köhlbrandbrücke bedeuten, der nur nur ein Abriss bleibt.

Schade, denn sie ist eines der auffälligsten Wahrzeichen der Stadt. Der einzige Trost ist, dass sich die Anzahl von Hamburgs Brücken wird durch den Abbruch der Köhlbrandbrücke nicht wesentlich verringern wird.

Stubenküken mit Kartoffeln und Spinat

Zutaten für 4 Personen:

4 Stubenküken
12 dünne Scheiben durchwachsener Speck
4 Backpflaumen
12 rote Weintrauben
6 Kartoffeln
600 g Blattspinat
60 g Butter, 250 ml lieblicher Weißwein
100 ml Sahne
4 Knoblauchzehen
2 Zweige Thymian
Olivenöl, Muskatnuss
Soßenbinder
grobes Meersalz
Salz, Pfeffer

Zubereitung:

Pflaumen und Weintrauben zerkleinern, mit Thymianblättchen, Salz und Pfeffer vermischen. Die Stubenküken innen und außen mit Meersalz einreiben. Mit der Mischung füllen und auf den Rost legen. Ein Blech zum Auffangen der Bratflüssigkeit in den Ofen (220°C) schieben, den Rost darübersetzen. 30 Minuten backen. Die geschälten Kartoffeln garen. Die Stubenküken herausnehmen, pfeffern und je mit drei Scheiben Speck umwickeln. Für weitere 20 Minuten backen. Die gehäuteten Knoblauchzehen in dünne Scheiben schneiden. In einem Topf etwas Olivenöl erhitzen und die Knoblauchzehen anbraten, den Spinat hinzugeben, salzen, pfeffern und 10 Minuten leise köcheln lassen. Die Kartoffeln abgießen, zerstampfen, Salz, Muskat und Butter unterziehen. Den Backofen ausschalten, die Stubenküken bei geöffneter Tür 5 Minuten ruhen lassen. Das Backblech herausnehmen, den Weißwein daraufgießen und die Bratflüssigkeit lösen. In einen Topf umschütten, aufkochen, mit Salz und Pfeffer würzen, Sahne und etwas Soßenbinder einrühren. Alles auf Tellern anrichten und servieren.

Abschied mit alten Kähnen – Museumsschiffe in Hamburg

Nun wird es allmählich Zeit für mich, Abschied von Hamburg zu nehmen. Ein letztes Mal bin ich zu den St. Pauli-Landungsbrücken geschlendert. Ganz so, als wolle er mir ein geheimes Zeichen geben, sitzt dort ein alter Seebär und spielt auf seinem Schifferklavier, dazu brummt er mit tiefem Bass inbrünstig „Junge, komm bald wieder" vor sich hin. Das mit dem „Jungen" überhöre ich tunlichst und fühle mich deshalb angesprochen, lasse gerührt eine Münze in den dafür aufgestellten Becher fallen und überlege, wie schön es wäre, Hamburg stilecht auf einem Schiff zu verlassen. Mein Blick schweift über die vielen Hafenrundfahrtboote auf der Elbe und das große Containerschiff, das im Dock Elbe 17 auf dem Trockenen liegt. Nein, es sollte schon etwas Denkwürdigeres sein.

Zum Beispiel die Cap San Diego, die als Museumsschiff an der Überseebrücke liegt. Sie ist noch in den Achtzigerjahren des letzten Jahrhunderts regelmäßig zwischen Südamerika und Hamburg hin- und hergependelt, dabei transportierte sie Maschinen, Autos und Chemieprodukte nach Südamerika und kam beladen mit Kaffee, Obst, Ölen und Textilien wieder zurück nach Hamburg. Als Besonderheit hatte sie Kühlräume, in denen Fleisch an Haken von der Decke herunterhing. Auf diese Art gelangte manch argentinisches Rumpsteak gut abgehangen in die Hansestadt. Das Verladen all dieser Waren kostete allerdings viel Zeit, und so machten eines Tages die viel praktischeren Container der Cap San Diego den Garaus. Denn Container ließen sich auf dem eleganten Frachter beim besten Willen nicht verladen.

Die Cap San Diego hatte 25 Jahre lang Dienst getan, als sie 1986 in schlechtem Zustand von ihrer letzten großen Fahrt zurückkehrte. Hier hat man sie einer grundlegenden Renovierung und dem Umbau zum Museumsschiff unterzogen. Sie ist sogar noch seetüchtig und fährt hin und wieder zu besonderen Gelegenheiten hinaus. Tatsächlich ist sie das größte fahrtüchtige Museumsfrachtschiff der Welt.

Hamburg an Bord der Cap San Diego zu verlassen, wäre gar nicht so ungemütlich, wie man zunächst glauben könnte. Denn während ihrer Betriebszeit waren Interkontinentalflüge noch keine Selbstverständlichkeit, deshalb bot die Cap San Diego – wie manch anderer Hochseefrachter auch – Platz für bis zu zwölf Passagiere. Und zwar mit allem Komfort: Es gab geräumige Kabinen mit eigenem Bad, außerdem Lounge und Speisesaal sowie einen separaten Gästebereich an Deck mit Swimming Pool und Bar. Zumindest die acht klimatisierten Kabinen stehen auch heute noch als Übernachtungsmöglichkeiten für Touristen bereit. Außerdem kann man die frühere Kapitänssuite buchen. Ob das etwas für unseren nächsten Hochzeitstag sein könnte?

Aber für meinen Abschied aus Hamburg wäre vielleicht ein Segelschiff noch stilvoller. Gleich nebenan liegt die grün-weiß-rot gestrichene Rickmer Rickmers an den Landungsbrücken, ebenfalls ein früheres Frachtschiff. Heute ist auch sie ein Museumsschiff und kann besucht werden. Sie ist allerdings ein gutes Stück älter als die Cap San Diego, denn sie lief schon 1896 vom Stapel. Ihre drei stolzen Masten erinnern an den Wind der

Weltmeere, der einst die Segel blähte. Auf dem Schiff gibt es ein Restaurant, und die einfallsreiche Stiftung, die das Schiff unterhält, lockt außerdem mit wechselnden Ausstellungen, Malkursen und Ratespielen an Bord. Besonders waghalsige Besucher können sich sogar beim Klettern in den Wanten des Großmastes amüsieren. Man kann aber auch einfach auf dem Schiff und in seinem Bauch herumspazieren und alles ganz genau erkunden. Zum Beispiel den pausbackigen Knaben im Matrosenanzug, der das Schiff als Galionsfigur ziert. Bei dem Bürschlein handelt es sich um Rickmer, nach dem das Schiff benannt wurde. Er war der Enkel des Bremerhavener Reeders Rickmers. Wer sich dank besonderer Verdienste als würdig genug erweist, der kann sogar wie Uwe Seeler zum Ehrenkapitän der Rickmer Rickmers ernannt werden.

Am Kleinen Grasbrook ist außerdem die Viermastbark Peking zu bestaunen, die 1911 in Hamburg gebaut wurde. Sie gehört dort zu den herausragenden Exponaten des Hafenmuseums. Dieses befindet sich auf den letzten originalerhaltenen Kaianlagen aus der Kaiserzeit und veranschaulicht die Abläufe des Güterumschlags vor Einführung der Container. Bis 2025 wird es umfassend erweitert und zeigt historische Hafentechnik vor dem Hintergrund der Bedeutung des Hafens für die Globalisierung, die Arbeitswelt und die Entwicklung der Gesellschaft.

Aber weder die Peking noch die Rickmer Rickmers eignen sich für meinen Wunsch, Hamburg an Bord eines stolzen Seglers zu verlassen. Mit beiden Barken kann man nicht entlang der Elbe aufs offene Meer hinausfahren, denn sie sind nicht mehr seetüchtig. Ich werde mich nach etwas anderem umsehen müssen.

Um eine passable Auswahl an historischen Schiffen zu finden, begebe ich mich am besten ein Stück weiter elbabwärts. Vorbei am Fischmarkt in Altona und durch die schicke Altonaer Elbmeile hindurch führt mich der Weg schließlich zum Museumshafen Oevelgönne. Irgendwo im Untergrund verläuft hier die A7 durch den Elbtunnel, aber davon ist in der Beschaulichkeit des Museumshafens nichts zu spüren. Vielmehr liegt der Fähranlieger der HADAG direkt über dem Tunnel und gleich daneben befindet sich die feine Seniorenresidenz „Augustinum" im klotzigen, kuppelgeschmückten Backsteinbau eines ehemaligen Kühlhauses. Weiter westlich erstreckt sich der schöne Elbstrand des Stadtteils Oevelgönne. Hier liegt das Café Strandperle, die „Mutter aller Beachclubs", und über die Freitreppe „Himmelsleiter" gelangt man hinauf zur Elbchaussee.

Im Museumshafen selbst hat man sich dem Erhalt historischer Wasserfahrzeuge verschrieben. Es ist die älteste private Einrichtung dieser Art in Deutschland. Staunend betrachte ich Segelkutter, Dampfschlepper und Barkassen, Kutter, Kräne, Polizei- und Zollboote. Dann entdecke ich das Feuerschiff Elbe 3, und Ulli wäre bestimmt stolz auf mich, weil ich nun nicht einmal auf den Gedanken komme, dieses könne etwas mit der Feuerwehr zu tun haben.

Am Anleger Neumühlen liegt die Stettin. Ich muss schmunzeln, als ich an die pechschwarze Rauchwolke und das fröhliche Tröten denke, mit dem sie damals am Willkomm-Höft vorbeigetuckert ist. Der alte Dampf-Eisbrecher schaukelt ganz leicht auf den Wellen, so als wolle er mich herbeilocken. Ob ich mal nachfrage, wann ich mit der Stettin hinausfahren kann, elbabwärts und am Willkomm-Höft vorbei in Richtung Nordsee?

Das letzte Wort

Liebe Leser*innen,

ich hoffe, Ihnen hat unser Ausflug nach Hamburg gefallen. Besuchen Sie auch meine Webseite **www.almutirmscher.de**, auf der Sie ein umfangreiches Fotoalbum erwartet, das dieses Buch mit weiteren visuellen Eindrücken abrundet.

Natürlich freue ich mich über Ihre Tipps, Hinweise oder Anregungen und beantworte auch gerne Ihre Fragen. Schreiben Sie mir einfach an kontakt@almutirmscher.de

Vielen Dank und…

…*Tschüs.* Vielleicht sehen wir uns in Hamburg!

Ihre

Almut Irmscher

Auf meiner Website www.almutirmscher.de finden Sie Fotos, die ich bei meinem Besuch im Tierpark Hagenbeck aufgenommen habe. Sie sind dort mit freundlicher Genehmigung der Tierpark Hagenbeck Gemeinnützige Gesellschaft mbH veröffentlicht.

Die Modellbahn-Fotos auf www.almutirmscher.de sind mit freundlicher Genehmigung der Minatur Wunderland Hamburg GmbH veröffentlicht.

Danksagung

Ich danke allen, die mich mit Tipps und Anregungen unterstützt haben.

Ganz besonders danke ich meinem Mann Ulrich Otto, ohne seinen Rat, seine Korrekturen, seine Aufmunterungen und seine ständige Bereitschaft, mir alle Hindernisse aus dem Weg zu räumen, wäre meine Arbeit nicht möglich.

Mein herzlicher Dank geht an Rosi Seidl, die die Fotoalben auf meiner Seite **www.almutirmscher.de** mit ihren schönen Bildern bereichert.

Besonderer Dank gebührt auch meiner Freundin Gunhild Hexamer, die mich nicht nur durch die Jahrzehnte des Lebens begleitet hat, sondern auch die Entstehung meiner Bücher jedes Mal aufs Neue unermüdlich und engagiert mit ihren Hinweisen, Korrekturen und Anregungen begleitet. Sie ist es auch gewesen, die mir überhaupt erst den Anstoß zum Schreiben gegeben hat. Ohne Gunhild gäbe es meine Bücher nicht. Gunhild ist selbst Autorin, wenn Sie sich für Nordamerika interessieren, dann empfehle ich Ihnen ihre Bücher, die Sie auf ihrer Website www.ghexamer.de finden.

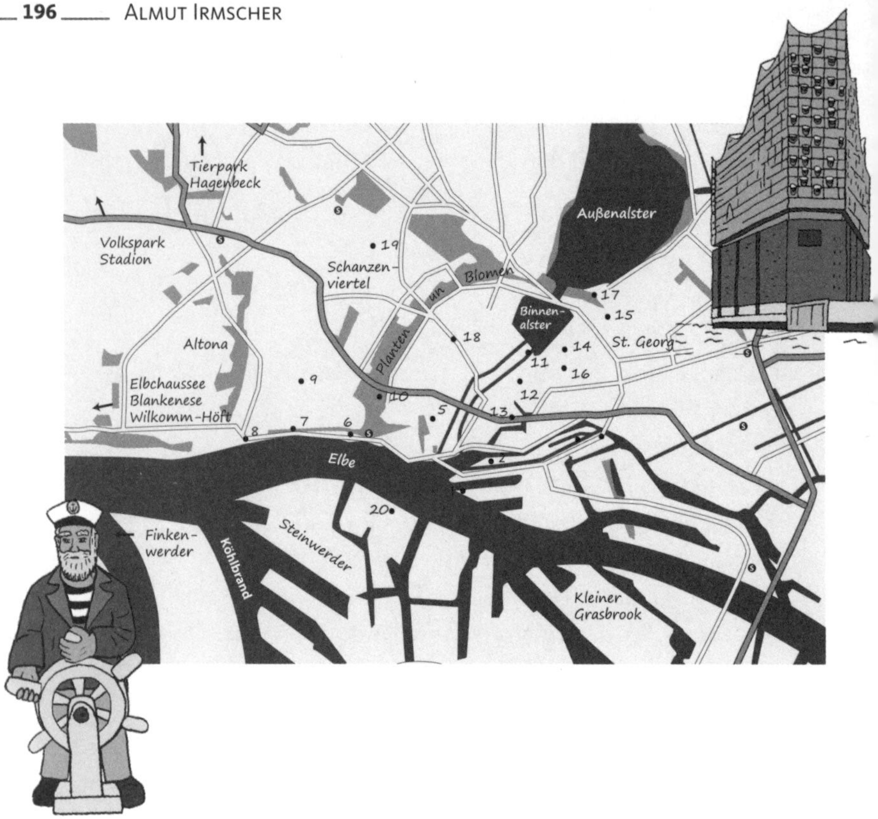

1 Elbphilharmonie
2 Miniatur Wunderland
3 Wasserschloss
4 Ericusspitze
5 St. Michaelis
6 St. Pauli-Landungsbrücken / Alter Elbtunnel
7 Hafenstraße
8 Fischmarkt
9 Reeperbahn / Große Freiheit Beatles-Platz
10 Bismarck-Denkmal
11 Jungfernstieg / Alsterarkaden
12 Rathaus
13 St. Nikolai
14 Thalia Theater
15 Ohnsorg-Theater
16 Hauptbahnhof
17 Hotel Atlantic
18 Rademachergang
19 Rote Flora
20 König der Löwen

Rickmer Rickmers – Gallionsfigur

Rathaus

Spiegel Gebäude

Binnenhafen

Speicherstadt

Wasserschlösschen

Elbphilharmonie

Elbstrand

HafenCity

Hafenstraße

ATLANTIC
Anja
Hotel Atlantic

Am Nikolaifleet

Blick auf Hamburg von den „Tanzenden Türmen“ aus

lsterarkaden

Hans Hummel

Davidwache

Außenalster

St. Pauli Landungsbrücken

Alter Elbtunnel

Museumshafen Övelgönne

Feuerschiff LV 13 und Elbphilharmonie

Blick von St. Nikolai